BRUNO VESPA

Quirinale

Dodici Presidenti tra pubblico e privato

© 2021 Rai Com S.p.A.
Rai Libri
Via Umberto Novaro, 18 - 00195 Roma

ISBN 978883971822-8

Grafica e impaginazione
Make id S.r.l. - Roma

Inserto fotografico
© Archivio Mondadori

Stampa
Grafica Veneta S.p.A. - Trebaseleghe (PD)

PREMESSA

Chi è il Presidente della Repubblica? È un organo debole, come l'hanno immaginato i costituenti, o un organo forte come è diventato nel tempo? Venivamo da una dittatura e i padri della nuova democrazia hanno scritto una Costituzione che sarà pure "la più bella del mondo", ma è anche un grande pasticcio. Pochi poteri al governo, troppi al parlamento. Il presidente del Consiglio non può sostituire nemmeno un sottosegretario. E i suoi rapporti con il capo dello Stato sono assai ambigui. Il Presidente della Repubblica "ha il comando delle Forze Armate" (art. 87). Accipicchia! Cossiga ha provato a prenderselo sul serio, ma ne è stato (costituzionalmente?) dissuaso. Allora? "Il Presidente della Repubblica nomina il presidente del Consiglio e, su proposta di questo, i ministri" (art. 92). Sul primo punto nessun problema. Il capo dello Stato può comportarsi come gli pare. Ma sul secondo? Se il premier si impunta su un ministro? Mattarella non ha fatto nascere un governo per questo e gran parte dei costituzionalisti gli hanno dato ragione.

Come vedremo in questo libro, nessuno dei dodici Presidenti è stato un docile passacarte. Ma non c'è dubbio che negli ultimi vent'anni il capo dello Stato abbia avuto un potere superiore alle attese. Perfettamente rivendicato da Napolitano che l'ha esercitato con fermezza. Il potere del Quirinale è aumentato nella misura in cui è diminuito quello di palazzo Chigi. Non è un bene. Da decenni si discute su una riforma che dia al primo ministro italiano i poteri dei suoi colleghi di gran parte del mondo, a cominciare dallo scioglimento delle Camere. Da decenni si discute se abolire il semestre bianco, l'ultimo del suo mandato, in cui il capo dello Stato non può sciogliere le Camere. Lo stesso Mattarella, il 2 febbraio 2021, ricordando Antonio Segni, ha chiesto la cancellazione del semestre bianco perché "può alterare l'equilibrio tra i poteri dello Stato in un momento politico difficile". E la non rieleggibilità del capo dello Stato. Sarebbe, questo, un bel passo in avanti.

Il passaggio dalla Prima alla Seconda Repubblica e le convulsioni di quella che viene definita la Terza hanno richiesto agli ultimi inquilini del Quirinale un polso fermo che ha tenuto dritta la barra del Paese, pur con qualche oscillazione che ha fatto discutere. Attraverso i ritratti dei Presidenti abbiamo ripercorso l'intera storia repubblicana. Undici su dodici sono stati sposati. Lo scapolo è De Nicola. Saragat, Scalfaro e Mattarella sono arrivati vedovi al Quirinale. Cossiga era separato. I rac-

6

conti della loro vita coniugale, del ruolo delle figlie per i vedovi, delle fugaci scappatelle di De Nicola, ci aiuteranno a conoscerli meglio.

B.V.

Roma, aprile 2021

Quirinale

1
Enrico De Nicola
Un monarchico per la Repubblica

Tra Croce e Bonomi, Togliatti impose don Enrico

Un monarchico. Per fare il capo provvisorio dello Stato nella neonata Repubblica italiana occorreva un monarchico. Anzi, un monarchico meridionale. Il referendum istituzionale del 2 giugno 1946 aveva visto prevalere i repubblicani per due milioni di voti (12.717.923 contro 10.719.284), ma il Paese era spaccato esattamente a metà. Dall'Abruzzo alla Sicilia e alla Sardegna i voti monarchici sfioravano spesso il 70% (nel Centro-nord il rapporto era invertito, con Roma repubblicana soltanto per il 51%). I monarchici avevano gridato ai brogli. Il ministro dell'Interno, il socialista Giuseppe Romita, disse candidamente di essere andato a dormire con la vittoria della Monarchia e di essersi svegliato con quella della Repubblica. Durante la notte era spuntato un milione di voti tondo

tondo in favore della Repubblica. "Li aveva nascosti nel cassetto" gridarono i monarchici. La situazione fu aggravata dall'incertezza della Cassazione che tardò a ratificare i risultati. Non si è mai avuta prova dei brogli e la situazione incandescente non sfociò in una guerra civile per la saggia decisione di Umberto ii di lasciare l'Italia per l'esilio portoghese. La bandiera sabauda fu ammainata al Quirinale il 13 giugno, dopo che De Gasperi, come presidente del Consiglio, era stato nominato capo provvisorio dello Stato. Il messaggio d'addio dell'ormai ex re fu molto duro, perché la Cassazione non aveva ancora deciso se accogliere il ricorso sul peso delle schede bianche e nulle (l'avrebbe fatto soltanto il 18 giugno): "In spregio alle leggi e al potere sovrano della magistratura, il governo ha compiuto un gesto rivoluzionario, assumendo con un atto unilaterale e arbitrario poteri che non gli spettano e mi ha posto nell'alternativa di provocare spargimento di sangue o di subire la violenza". Umberto ii disse di partire, perciò, "nel supremo interesse della patria". Giulio Andreotti mi avrebbe raccontato, quasi sessant'anni dopo, che Umberto (rispettato da De Gasperi, che invece detestava il padre) fece conoscere in anticipo al presidente del Consiglio il testo del messaggio perché potesse predisporre la risposta, che fu altrettanto dura.

Per la pacificazione nazionale occorreva perciò un uomo del Sud, fedele ovviamente alla Repubblica, ma col cuore tenero per la Monarchia. Su questo erano d'accordo sia De Gasperi che Togliatti e Nenni. La divisione era sul nome. Nenni voleva Benedetto Croce. Temeva che l'Italia finisse sotto un protettorato clericale e riteneva che il filosofo di Pescasseroli fosse il simbolo migliore del laicismo. Vittorio Gorresio, allora giornalista parlamentare per *L'Europeo*, assieme ai colleghi, aspettava Nenni fuori dalla porta della direzione socialista che doveva scegliere il candidato. "Uscì dalla stanza e, senza perdere tempo, con quel modo che aveva allora di aggredire i giornalisti anziché aspettare di esserne aggredito, annunciò bruscamente il nome del suo candidato alla presidenza della Repubblica: Benedetto Croce. Ci fu un po' di sorpresa perché ci attendevamo la designazione di Enrico De Nicola. 'Ho detto Croce' tagliò corto Nenni. E di Vittorio Emanuele Orlando che ne pensa? 'Ho detto Croce'. E Francesco Saverio Nitti? 'Ho detto Croce'" (da *Il sesto presidente*, Rizzoli, 1972).

Dopodiché Nenni spedì un avvocato a Napoli con una bella lettera per Croce: "Illustre amico, i miei compagni della direzione del partito desiderano sapere se Ella lascerà porre la sua candidatura alla presidenza della Repubblica. Noi saremmo lieti di dare a Lei i nostri voti, nella convinzione, attinta alla coscienza che abbiamo dei più alti interessi del Paese, che nessuno meglio di Lei può oggi di fronte al mondo rappresentare l'Italia e garantire con sicura lealtà la vita della Repubblica italiana. Cordiali saluti, Suo Pietro Nenni".

Croce si prese tre giorni per rispondere, lasciando nell'angoscia il mondo politico romano e soprattutto De Gasperi, che non voleva Croce, ma nemmeno litigare con Nenni. Alla fine il filosofo rinunciò: "L'ufficio al quale mi si vorrebbe chiamare, mi fa gravemente sentire l'inadeguatezza ad esercitarlo...".

"Onorevole De Nicola, decida di decidere se accetta di accettare..."

Il candidato di De Gasperi era Vittorio Emanuele Orlando. Siciliano di Palermo, grande costituzionalista, Orlando era stato il "presidente della Vittoria" dopo il disastro di Caporetto, e aveva partecipato con dignità (seppure con risultati modesti) alla Conferenza di pace di Parigi. Nel '22 s'era illuso di guidare un governo di unità nazionale (con Mussolini al ministero dell'Interno), poi guardò con qualche benevolenza all'avvio del regime e fu rieletto deputato nel '24 aderendo con quasi tutte le vecchie glorie liberali al "listone" fascista. Si staccò dal regime dimettendosi da deputato dopo il discorso di Mussolini del 3 gennaio 1925 ("Potrei trasformare quest'aula sorda e grigia in un bivacco di manipoli") dedicandosi all'insegnamento. Nel '43 – su richiesta di Vittorio Emanuele III – fu lui a scrivere il proclama di Badoglio ("La guerra continua...") partecipando poi all'Assemblea costituente. Nel '46 Orlando aveva 86 anni: tanti, seppure portati splendidamente. Ma De Gasperi diceva che il capo provvisorio dello Stato sarebbe stato in carica soltanto per un biennio. Quindi l'età non era un problema. La candidatura cadde per la ferma opposizione di Togliatti che rimproverava a Orlando una visibile simpatia monarchica manifestata durante l'intera campagna elettorale per il referendum istituzionale. Restò così in piedi la candidatura sostenuta fortemente dal segretario del PCI: Enrico De Nicola.

De Nicola aveva 79 anni ed era uno di quegli uomini di cui si è perso lo stampo. Laureato in legge a diciannove anni, a trenta era – come si diceva una volta – un Principe del Foro. Anestetizzava i tribunali con un'oratoria brillantissima ("La rettorica", diceva, "è il cloroformio delle Corti d'Assise"), ma aveva un carattere infernale. Adorava le cariche, ma ordinava che gli fossero proposte in ginocchio (e guai a chi non gliele proponeva). Usava il delicato istituto delle dimissioni con una frequenza mai vista. Nell'arco della sua vita politica le dette nove volte. "Capace di essere il migliore degli arbitri possibili, al minimo indizio che gli facesse ritenere di essere considerato sospetto di una parzialità sarebbe uscito di corsa dal campo" scrive Vittorio Gorresio. E infatti rinunciò per quattro volte a essere presidente del Consiglio, una alla nomina a senatore, una alla elezione a deputato, una alla candidatura a sindaco di Napoli, dimettendosi successivamente da presidente del Senato e della Corte costituzionale. In ogni caso, è l'unico nella storia italiana ad aver ricoperto quattro delle cinque cariche più importanti, escludendo soltanto la presidenza del Consiglio.

Togliatti gli perdonò quello che Andrerotti avrebbe definito "un peccato di gioventù". Il 16 novembre 1922 da presidente della Camera non batté ciglio quando Mussolini insolentì l'aula di Montecitorio nel discorso inaugurale del suo ministero, mentre riprese il deputato socialista Giuseppe Emanuele Modigliani che gridò: "Viva il Parlamento!". Anche lui, come Orlando, venne eletto deputato nel '24 nel listone di Mussolini, ma si dimise poco dopo. Nominato senatore, frequentò pochissimo palazzo Madama.

Togliatti gli era grato per essere il padre di uno snodo essenziale del passaggio dalla Monarchia alla Repubblica. Dopo l'8 settembre del '43 e il penoso armistizio di Cassibile, con il re fuggito a Brindisi, si aveva bisogno di una figura meno compromessa col Fascismo di Vittorio Emanuele III. De Nicola trovò una soluzione geniale: abdicazione del re e passaggio dei poteri al figlio Umberto come Luogotenente del Regno. In un drammatico colloquio a Ravello (16 febbraio 1944) De Nicola convinse Vittorio al gran passo.

Quando fu trovato l'accordo sul nome di De Nicola, nacque il problema di trovare l'accordo di De Nicola. Saragat, presidente dell'Assemblea costituente, incaricò il prefetto di Napoli di sondare l'interessato. La risposta fu un *no*. Ma un *no* alla De Nicola. Cioè un *nì*, meglio ancora, un *sì* mascherato da *no*. Don Enrico si prese il suo tempo per sciogliere la riserva: voleva che tutti gli ottuagenari Padri della Patria (i Croce, i Nitti, gli Orlando) fossero fuori campo e che l'elezione fosse in realtà un plebiscito. Poiché Roma trepidava, il giornalista liberale Manlio Lupinacci sbottò sul *Giornale d'Italia*: "Onorevole De Nicola decida di decidere se accetta di accettare". Don Enrico se la prese, poi cedette alle pressioni di don Benedetto e decise di accettare. Fu eletto capo provvisorio dello Stato il 28 giugno 1946 con l'80% dei voti (contrari i repubblicani e l'Uomo Qualunque di Giannini). Andò a far visita a Croce, gli baciò – ricambiato – la mano. Sul suo arrivo a Roma da Napoli esistono due versioni opposte. La prima lo vuole arrivare il 1° luglio su una Fiat 1100 scassata, guidata da un nipote: si presentò con una vecchia valigia di cuoio davanti al portone di Montecitorio senza avvertire nessuno. Saragat, informato dai commessi, si precipitò per le scale a raggiungerlo. La seconda, lo racconta invece sulla Lancia usata da Umberto II e guidata dall'autista dei Savoia: arrivo concordato e piccolo bagno di folla. Nella sala della Lupa, De Gasperi gli cedette i poteri di capo provvisorio dello Stato. Il vecchio avvocato prese alloggio a palazzo Giustiniani, dirimpetto al Senato. Il Quirinale odorava ancora troppo di Savoia perché il Presidente che ne incarnava lo sfratto ci si trovasse a proprio agio.

Uomo probo e modesto fino all'eccesso, rinunciò allo stipendio e diventò celebre per indossare un cappotto rivoltato, secondo l'usanza di tanti italiani nel dopoguerra di miseria.

Il neutralismo di De Nicola e la rottura con De Gasperi

Nel messaggio d'insediamento, De Nicola si rivolse a tutti gli italiani. Anche ai fascisti (tanti, pure se in larga parte mimetizzati...) che – insieme con i partigiani macchiatisi di delitti – avevano beneficiato dell'amnistia di Togliatti: "All'opera immane di ricostruzione politica e sociale dovranno concorrere tutte le energie vive della nazione non esclusi coloro i quali si siano purificati da fatali errori e antiche colpe". Esercitò in pieno i suoi poteri fin dalla formazione del primo governo repubblicano. Presidente del Consiglio dovette essere necessariamente De Gasperi, che aveva resistito alle lusinghe della sinistra che l'avrebbe volentieri mandato al Quirinale per prenderne il posto al Viminale, sede allora del governo. Ma durante la formazione del gabinetto, De Nicola mise bocca sulla lista dei ministri chiedendo che all'Istruzione non andasse un cattolico (Guido Gonella) per garantire la laicità dell'insegnamento. De Gasperi dovette minacciare la rottura delle trattative per convincerlo.

Nonostante il carattere schivo, De Nicola scoprì il fascino della popolarità. Sia quando rese visita in Vaticano a Pio XII: primo incontro tra un Presidente laico fin

18

nel midollo e un pontefice niente affatto alla mano. Sia quando dovette ricevere a palazzo Giustiniani la bellissima Evita Peron. Essendo scapolo (condizione mai più ripetuta con i suoi successori), si fece accompagnare dall'attrice Laura Conti, compagna di Umberto Terracini, presidente dell'Assemblea costituente.

Si era deciso che il mandato del capo provvisorio dello Stato scadesse il 25 marzo del '47. Formalista com'era, De Nicola si dimise immediatamente costringendo l'assemblea a rieleggerlo, stavolta nelle funzioni di Presidente della Repubblica. Funzioni che l'avvocato esercitò fino in fondo, entrando presto in contrasto con De Gasperi. Nella prima metà di gennaio erano avvenuti due episodi decisivi per la politica italiana. De Gasperi aveva fatto il suo primo viaggio negli Stati Uniti, garantendo la fedeltà atlantica di democristiani, liberali, repubblicani e – questo il secondo episodio – dei socialdemocratici di Giuseppe Saragat, che al rientro del presidente del Consiglio da Washington si erano separati dai socialisti di Nenni nella scissione di palazzo Barberini. Se le forze atlantiche avessero vinto alle elezioni del 1948, sull'Italia sarebbero piovuti gli enormi finanziamenti a fondo perduto del Piano Marshall. De Nicola accompagnò all'aeroporto De Gasperi in partenza per gli Stati Uniti, raccomandandogli di ottenere subito del grano per tamponare la gravissima crisi alimentare italiana (mancava innanzitutto il pane). Ma non capì – o non volle capire – che gli aiuti economici volevano una contropartita politica, anche perché l'espansionismo sovietico dell'Europa dell'Est spaventava tutto l'Occidente. Eppure in politica estera De Nicola mantenne un atteggiamento sostanzialmente neutralista per tenersi buona la sinistra e quando in primavera entrò in crisi l'alleanza tra De Gasperi, Nenni e Togliatti, il Presidente (che era stato eletto su indicazione del segretario comunista) fece l'impossibile per mantenerla in piedi. Non ci riuscì. Il 31 maggio De Gasperi formò il primo governo con social-democratici, liberali e repubblicani chiamando come vicepresidenti tre pezzi da novanta come Saragat, Einaudi e Pacciardi. Il rapporto tra De Nicola e De Gasperi si incrinò irreparabilmente. "Eppure", mi avrebbe poi raccontato Andreotti, "De Gasperi gli voleva bene e don Enrico lo ricambiava, nonostante il pessimo carattere. Il giorno dei funerali di De Gasperi (1954) andai con De Nicola in treno a Napoli, dove mi sarei imbarcato sull'*Andrea Doria* per gli Stati Uniti. Per tutto il viaggio, De Nicola si lamentò: 'Questo, De Gasperi non me lo doveva fare...'".

Il momento di maggiore tensione tra i due avvenne dopo i pessimi risultati (per noi) della Conferenza di pace Parigi ("Sento che qui tutto, al di là della vostra personale cortesia, è contro di me" disse De Gasperi il 10 agosto 1946). L'Italia aveva partecipato con gli alleati alla fase finale della guerra, ma – visto che ne era stata tra i promotori, seppure tardivi – fu trattata con la durezza che si riserva agli sconfitti. Le polemiche sulla ratifica del trattato di pace agitarono a lungo il mondo politico italiano. De Gasperi era orientato a mandare giù al più presto la medicina amara, sperando in un rapido aiuto post bellico degli Stati Uniti (il segretario di Stato James F. Byrnes era stato l'unico ad alzarsi a Parigi per dargli la mano). De Nicola considerava il trattato troppo punitivo. Era in buona compagnia: la pensavano come lui i vecchi santoni liberali e il democristiano Mario Scelba, che minacciò le dimissioni (poi rientrate) da ministro dell'Interno. Il problema è che De Nicola era Presidente della Repubblica. Cercò fino all'ultimo di sottrarsi al compito con una serie di complicatissimi cavilli, sostenendo che bastasse la ratifica dell'Assemblea costituente. Minacciò anche lui, come al solito, le dimissioni. Poi finalmente cedette. Ma questo fu l'episodio che rese impensabile per De Gasperi immaginarne la conferma come capo dello Stato dopo l'entrata in vigore della Costituzione (1° gennaio 1948) e le elezioni politiche del 18 aprile.

Gli amori segreti di don Enrico

All'altare della giovane Repubblica Italiana non si vide arrivare alcuna sposa. Nell'auto senza scorta che accompagnava Enrico De Nicola al Colle, oltre l'autista e un nipote (alcuni sostengono che non ci fosse), non c'era donna alcuna. Il neoPresidente era scapolo.

Eppure De Nicola amò. E chi?

Marcello Staglieno lo definisce "non disdegnoso di (cautissime quanto rare) avventure galanti".

Gabriele Benincasa, biografo di De Nicola, nel suo *L'importanza di chiamarsi Enrico*, riporta le voci che volevano il Presidente protagonista di un amore segreto con una donna bellissima: "Gli incontri erano rari e discreti: per poter solo vedere la donna amata, si racconta che De Nicola si recava in piazza della Vittoria, all'inizio della Riviera di Chiaia, dove raggiungeva il negozio di Marinella, famoso fin da allora per le cravatte e per i colletti duri che mandava a lavare e inamidare a Londra, e lì attendeva una telefonata di lei: il segnale che poteva passare in carrozzella sotto il balcone e scambiare con lei, quasi senza alzare il capo, un fugace saluto d'intesa".

Ma da fonte primaria abbiamo appreso di un altro amore riservatissimo di De Nicola, quando ancora faceva l'avvocato a Napoli. Egli amava, riamato, la contessa Ricciardi. Usciva dal suo studio, prendeva via Caracciolo e, guardandosi intorno con circospezione per accertarsi di non essere seguito, si infilava nel palazzo della nobildonna.

Non si accorse mai che due suoi giovani di studio lo seguivano passo passo, nascondendosi tra vicoli e portoni: un impertinente Giovanni Leone destinato a succedergli un giorno al Quirinale, e Francesco De Martino, diventato a metà anni Settanta l'ultimo segretario del PSI prima dell'arrivo di Bettino Craxi. La contessa Ricciardi era forse la donna misteriosa di cui parla Benincasa? Chissà. A noi è stato assicurato che quello per la Ricciardi fu il suo unico vero amore.

Si dice, tuttavia, che don Enrico abbia vissuto pienamente anche un'altra storia. Avvocato di eccellente caratura, era stato chiamato ad assistere una nobildonna siciliana nella causa di separazione legale. Se ne innamorò, ma i suoi scrupoli erano tali che, prima di scrivere all'ormai libera signora, ne chiese il permesso all'ex marito. L'ottenne.

Le sue lettere sono un capolavoro di prudenza ed eleganza, rivelano un rispetto che oggi troveremmo paradossale. Basti dire che ogni missiva cominciava con: "Gentilissima signora ed amica" e si concludeva con: "Vostro rispettosissimo servitore". Naturalmente era impossibile che De Nicola si presentasse in casa dell'amata: l'idea di un pettegolezzo l'avrebbe ucciso. Si riservò di condividere con la signora alcune vacanze all'estero, lontano da occhi indiscreti.

Lui e l'amata prendevano treni diversi e si davano convegno in un albergo prenotato personalmente da don Enrico a nome del *dottor De Nicola*. Una notte, un cliente dell'albergo ebbe un malore e il portiere, ingannato dal titolo di *dottore*, gli chiese aiuto. Fu De Nicola stesso a spiegare che quello era un titolo accademico, la sua professione era di avvocato.

In *Enrico De Nicola* di Nino Valentino (La Navicella, 1989), questo amore non si tramutò mai in qualcosa di concreto. L'autore scrive che De Nicola alla signora siciliana mandava solo fiori e di tanto in tanto lettere, trasformò insomma l'unico amore della sua vita in un rispettoso affetto che durò per cinque anni.

E lo ribadisce Alberto Cavallari sul *Corriere della Sera*: "[...] la sua vita intima lasciò dietro di sé una sola leggenda d'amore, un specie di mistica e innocente amicizia femminile".

Quando Vittoria Michitto sposò Giovanni Leone, De Nicola regalò loro le fedi e porse i suoi complimenti alla sposa.

"Però", aggiunse, lasciandola di stucco, "io penso che un uomo politico non dovrebbe mai sposarsi: è meglio" (Sebastiano Messina, *La Repubblica*, 7 marzo 1999).

2
Luigi Einaudi
Il Presidente che divideva
le pere a metà

Carlo Sforza rovinato dalle donne

"Come faccio a passare in rassegna la guardia tenendo con una mano il bastone e nell'altra il cappello?". Fu questa l'unica obiezione di Luigi Einaudi a Giulio Andreotti che, a nome di De Gasperi, era andato a proporgli la candidatura al Quirinale nella residenza in via Tuscolana, avuta dal professore come governatore della Banca d'Italia. Il grande economista liberale non era la prima scelta del presidente del Consiglio. Non c'era dubbio che l'indicazione spettasse a lui. Alle elezioni del 18 aprile 1948 la DC aveva ottenuto la maggioranza assoluta dei voti al Senato e alla Camera (305 seggi contro i 183 del Fronte Popolare su un totale che allora era di 574). Togliatti gridava che la vittoria dei clericali era inficiata da interferenze straniere, ma in cuor suo se ne rallegrava: i ricordi del soggiorno all'Hotel Lux di Mosca erano ancora troppo freschi perché potesse sperare di fare dell'Italia un satellite di Stalin. Nenni era sotto un treno: alle elezioni per la Costituente il psi aveva preso più voti del pci e adesso, soltanto due anni dopo, contava un terzo dei senatori comunisti.

De Gasperi avrebbe, potuto governare da solo, ma con grande lungimiranza politica associò ancora al ministero socialdemocratici, liberali e repubblicani. Quando dovette pensare al Quirinale, di una cosa era certo: il candidato non sarebbe stato scelto dalla sinistra come era accaduto con De Nicola. Don Enrico naturalmente sarebbe rimasto volentieri nel modesto appartamento di palazzo Giustiniani dove si era acquartierato: non gli faceva velo il nuovo vento moderato che accarezzava i palazzi del potere. Quando voleva una cosa, come abbiamo visto, sosteneva sempre il contrario. Nei giorni cruciali si ritirò a Torre del Greco, accampando inesistenti ragioni di salute. "I motivi di salute non erano validi", scrisse Domenico Bartoli sul *Corriere della Sera*, "De Nicola aveva passato i settanta, ma stava bene e visse infatti ancora più di undici anni. Avrebbe accettato successivamente di fare il presidente del Senato e della Corte costituzionale e non si vede perché allo stesso modo non avrebbe dovuto accogliere l'offerta per la presidenza più alta. In realtà il ritiro a Torre del Greco, l'anticipato rifiuto di un'eventuale rielezione dovevano servire a mettere in moto l'abituale meccanismo di clamorose insistenze, di rinnovati dinieghi, di commoventi appelli, con l'epilogo della riluttante accettazione". Ancora anni dopo, Andreotti insistette in una palese bugia per nascondere le reali intenzioni di De Gasperi: "È certissimo che ad altra scelta De Gasperi pensò soltanto dopo che ebbe dalla viva voce di De Nicola il reiterato annuncio della volontà contraria alla rielezione". Non era vero.

La candidatura di De Nicola fu invece portata avanti fino all'ultimo non solo da Togliatti e da Nenni, ma anche da Giuseppe Saragat che pure era alleato di De Gasperi. Alleato sì, ma geloso e preoccupato del suo potere, dopo la sbornia elettorale del 18 aprile. Eppure De Gasperi non voleva un democristiano al Quirinale. Il suo candidato era Carlo Sforza, un repubblicano indipendente che era stato ministro degli Esteri tre anni prima della presa di potere di Mussolini (e avrebbe riavuto quell'incarico tra il '47 e il '51). Gradito agli americani, proprio per questo era osteggiato da due terribili "ragazzacci" della sinistra democristiana: Amintore Fanfani e Giuseppe Dossetti (che avrebbe lasciato l'attività politica nel '52 per diventare sacerdote nel '59). Anche contando su queste divisioni, De Nicola era così convinto di essere rieletto – racconta Gabriele Benincasa nel libro citato – che il suo vivacissimo capo di gabinetto Umberto Collamarini dette ordine di trasferire da palazzo Giustiniani al Quirinale il letto d'ottone di don Enrico.

De Gasperi naturalmente s'infuriò, ma il Presidente uscente gli dette del filo da torcere. Come abbiamo detto, la DC aveva la maggioranza assoluta dei seggi nelle Camere riunite e avrebbe potuto eleggere il suo candidato al primo turno. Non andò così. La mattina del 10 maggio, quando cominciarono le votazioni, De Nicola ebbe 396 voti contro i 353 di Sforza. De Gasperi era furioso. Incontrando a Montecitorio Saragat, che era stato frontista, gli soffiò sulla faccia: "Senti il richiamo della foresta, vero?". Nel pomeriggio il rapporto si invertì perché Saragat, per non irritare troppo il presidente del Consiglio, aveva fatto votare un medico fiorentino di 84 anni, Gaetano Pieraccini. Ma Sforza non sfondava.

Una delle ragioni dell'ostilità nei suoi confronti me l'avrebbe spiegata Giulio Andreotti (come l'ho riportata in *Storia d'Italia da Mussolini a Berlusconi*, Mondadori, 2004): "Sforza era stato un gran donnaiolo. Maria Federici, presidente del Centro italiano femminile, lo avversò per questo". (Per inciso, Ivanoe Bonomi fu tagliato fuori perché Dossetti ricordò che era un *concubino*: aveva sposato 48 anni prima una signora con il solo rito civile. "Che esempio daremmo alle famiglie italiane con questa coppia al Quirinale?").

Un altro monarchico al Quirinale

"All'inizio", mi raccontò Andreotti, "De Gasperi mi aveva spedito alle sei del mattino nella sua villa ai Parioli per sondarne la disponibilità. Dopo il fuoco di sbarramento del partito, toccò di nuovo a me comunicargli la cattiva notizia. Sul tavolo del suo studio vidi la bozza del discorso di ringraziamento ai parlamentari che avrebbe pronunciato dopo l'elezione al Quirinale. Sforza si comportò da gran signore. 'De Gasperi mi ha offerto l'incarico' disse. 'È una prova di serietà farmi conoscere le difficoltà che ha incontrato. Non voglio essergli minimamente d'intralcio'. E da gran signore l'indomani attraversò il Transatlantico di Montecitorio. 'Mi hai salvato' sussurrò a Saragat, mentendo. E proseguì la passeggiata con tale fierezza da far sbottare Nitti: 'Porta la testa come un ostensorio...'". (A lui si sarebbe ispirato anni dopo Carlo Caracciolo parlando di Eugenio Scalfari: "Porta la testa in processione come il Santissimo").

A quel punto De Gasperi chiese ad Andreotti di sondare Einaudi: "All'obiezione sul fatto di essere claudicante, lo tranquillizzai. E accettò". Lo convinsero due osservazioni del giovane sottosegretario: le truppe si passano in rassegna su un'automobile e Roosevelt era stato un grande Presidente degli Stati Uniti con una infermità ben più grave di una leggera zoppia.

L'elezione di Einaudi non fu tuttavia tranquilla perché Togliatti e Nenni riesumarono la candidatura di Orlando (quella che De Gasperi aveva chiesto invano due anni prima!) e la votarono compatti. Ma anche i democristiani e molti alleati fecero squadra ed Einaudi fu eletto Presidente l'11 maggio 1948.

Nemmeno Einaudi voleva abitare al Quirinale. Avrebbe preferito restarsene in casa sua, lasciando la reggia dei papi e dei Savoia soltanto per l'ufficio e la rappresentanza. Come aveva fatto Vittorio Emanuele III, che stava con la famiglia in quella che oggi è Villa Ada, sulla via Salaria. Ma la residenza ufficiale gli fu imposta con affetto e decisione (e questo dovrebbe avvenire per tutti i Presidenti, per ragioni di prestigio e per risparmiare sulla sicurezza).

Quando si fece l'inventario dei mobili, si scoprì che nell'appartamento presidenziale c'era un letto d'ottone a una piazza. Era quello di De Nicola, che gli fu frettolosamente rispedito a domicilio insieme con un quadro votivo che lui – laicissimo – aveva consentito gli appendessero in capo al letto per ingraziarsi lo Spirito Santo e i voti democristiani. Ma Einaudi doveva dormire con donna Ida e quindi si provvide in gran fretta. Anzi, poiché la coppia non volle separarsi nemmeno per un momento, s'aggiustò le prime notti in un bel lettone matrimoniale in una camera per gli ospiti.

Quando diventò Presidente della Repubblica, Luigi Einaudi aveva 74 anni ed era un economista affermato in campo internazionale. Piemontese di Carrù (Cuneo), figlio di un concessionario delle imposte, studiò prestissimo economia già prima di laurearsi in legge a

Torino a 21 anni. Andò subito in cattedra con scienza delle finanze e altre materie economiche: le sue idee socialiste (aveva scritto sulla *Critica sociale* di Turati) scivolarono via via verso un acceso liberismo che lo spinse ad appoggiare il ministro delle Finanze di Mussolini, Alberto De Stefani ("La libertà economica è condizione della libertà politica"). Il suo sostegno alla libertà dell'impresa era assoluto: "Migliaia, milioni di individui lavorano, producono e risparmiano nonostante tutto quello che noi possiamo inventare per molestarli, incepparli, scoraggiarli. È la vocazione naturale che li spinge; non soltanto la sete di guadagno. Il gusto, l'orgoglio di vedere la propria azienda prosperare, acquistare credito, ispirare fiducia a clientele sempre più vaste, ampliare gli impianti costituiscono una molla di progresso altrettanto potente che il guadagno. Se così non fosse, non si spiegherebbe come ci siano imprenditori che nella propria azienda prodigano tutte le loro energie e investono tutti i loro capitali per ritirare spesso utili di gran lunga più modesti di quelli che potrebbero sicuramente e comodamente ottenere con altri impieghi". Per questa sua posizione (e per quella già citata sull'oppressione fiscale), nello schematismo di oggi Einaudi verrebbe collocato rigorosamente a destra. Anche se fin dall'insediamento fu attento all'equilibrio sociale: i cittadini andavano difesi "dall'onnipotenza dello Stato e dalla prepotenza privata".

Senatore del Regno dal '19, prestò giuramento al Fascismo quando nel '31 Mussolini lo pretese dagli accademici, pena la perdita della cattedra. Gorresio, penna raffinata ma intinta nella soda caustica, scrisse: "Einaudi aveva tutti i difetti di un professore, anzi tanta coscienza di professore che quando Mussolini chiese il giuramento, Einaudi lo aveva prestato, sentendo di non poter transigere con il proprio dovere che era di insegnare a qualunque costo, Fascismo o non Fascismo". Trascurò tuttavia di dire che Einaudi seguì il consiglio di Croce: meglio piegarsi che cedere la cattedra a un fascista. Lo stesso suggerimento che Togliatti aveva dato ad alcuni professori comunisti.

La dittatura economica del Professore

De Gasperi si trovava a disagio con Einaudi. Ancora una volta si era trovato eletto un Presidente di ripiego. Voleva Orlando e dovette acconciarsi a De Nicola. Voleva Sforza e toccò a Einaudi. S'intenda: la stima di De Gasperi per l'economista piemontese era altissima. Ne aveva avuto l'appoggio come governatore della Banca d'Italia e la considerazione era tale che lo volle ministro del Bilancio in un suo governo nel '47 pur mantenendo l'incarico alla guida dell'istituto d'emissione. Al governo Einaudi aveva fatto sentire tutto il suo peso, esercitando di fatto una dittatura economica. Basti dire che ogni ministro prima di spendere una lira doveva, di fatto, chiedergli il permesso per averne garantita la copertura. Pose inoltre come condizione per entrare nel gabinetto l'abolizione del prezzo politico dei beni di prima necessità: misura altamente impopolare, ma indispensabile visto che le entrate erano la metà delle spese e avrebbero sfiorato il pareggio soltanto quando Einaudi era al Quirinale da un bel pezzo. Tra la metà del '46 e la metà del '47 la svalutazione della lira aveva favorito enormemente le esportazioni e il rilancio dell'economia ponendo le primissime basi di quello che di lì a poco sarebbe stato il "miracolo economico". La Borsa correva, gli speculatori facevano soldi a palate, ma i prezzi volavano e l'inflazione era andata fuori controllo. La cura imposta da Einaudi fu drastica: se da un lato lasciò correre sul cambio col dollaro, continuando a favorire le esportazioni, dall'altro impose una forte stretta creditizia che mise in difficoltà le aziende: cominciarono a licenziare portando in poco tempo i disoccupati da due milioni a due milioni e mezzo. Presto l'inflazione fu ricondotta a ragione, gli speculatori videro crollare i loro guadagni, il bilancio dello Stato respirò e furono poste le basi per una ripresa sana e durevole.

Nonostante avvertisse l'esigenza di combattere l'evasione fiscale, Einaudi non accettava l'oppressione delle tasse: "La frode fiscale non potrà essere davvero considerata alla stregua degli altri reati finché le leggi tributarie rimarranno vessatorie e pesantissime e finché le sottili arti della frode rimarranno l'unica arma di difesa del contribuente contro le esorbitanze del fisco".

Ma un professore era sempre un professore, come un avvocato era sempre un avvocato. De Gasperi, debole in economia, ne esaltava il talento ("Altro che studenti! Quanti ministri dovrebbero impararne la lezione..."), ma temeva una replica della sfinente pedanteria dell'avvocato De Nicola. Inoltre, non gli andavano giù i sette anni di mandato presidenziale. De Nicola lo aveva sfiancato per due anni. Il Professore avrebbe governato per cinque anni in più...

La statura di Einaudi, rimpianta ancora a sessant'anni dalla morte, non lo metteva al riparo dalle umane debolezze. È vero che il Professore (come Giovanni Giolitti) aveva sempre considerato l'idea liberale compatibile con la fede cattolica, scrivendo addirittura nel '45 una calorosa introduzione ("La parola di Cristo ciascuno di noi l'ha sentita dalle labbra della mamma e della nonna...") a un saggio di Pietro Barbieri, un sacerdote distintosi nella Resistenza. Ma nell'imminenza delle elezioni presidenziali incrementò la sua frequentazione della chiesa di Sant'Andrea della Valle. E lui, che il 26 maggio 1946 – a una settimana dal referendum istituzionale – aveva scritto "Io voterò Monarchia", dette poi prova di fedeltà repubblicana riconoscendo, dopo una verifica professionale, che non c'erano stati brogli in danno del re. Né si nascose nel discorso d'insediamento: "Ho votato per la

Monarchia per una opinione radicata nella tradizione e nei sentimenti, ma mi impegno a dare al nuovo regime voluto dal popolo qualcosa in più di una mera adesione". Raccontò Vittorio Gorresio: "I parlamentari monarchici, che avevano atteso l'arrivo di Einaudi inchinandoglisi, se ne uscirono compostamente zitti e in punta di piedi dall'uscita di destra mentre egli giurava".

Un Presidente interventista

Che Presidente della Repubblica fu Einaudi? Dopo il risultato divisivo del referendum istituzionale, la pacificazione nazionale cominciata da De Nicola proseguì con lui. Monarchico come il suo predecessore, lo distingueva l'origine settentrionale. Ma l'ammissione di colpa per i postumi dell'Unità d'Italia fu una resa senza condizioni. Scriveva, in uno dei suoi saggi raccolti in *Il buongoverno* (Laterza, 1954): "È vero che noi settentrionali abbiamo contribuito qualcosa di meno ed abbiamo profittato qualcosa di più delle spese fatte dallo Stato italiano dopo la conquista dell'unità e dell'indipendenza nazionale, peccammo di egoismo quando il Settentrione riuscì a cingere di una forte barriera doganale il territorio ed ad assicurare così alle proprie industrie il monopolio del mercato meridionale, con la conseguenza di impoverire l'agricoltura, unica industria del Sud; è vero che abbiamo spostato molta ricchezza dal Sud al Nord con la vendita dell'asse ecclesiastico e del demanio e coi prestiti pubblici".

Secondo Giuseppe Mammarella e Paolo Cacace (*Il Quirinale*, Laterza, 2011) che hanno analizzato gli inquilini del Colle, da De Nicola a Napolitano, Einaudi fu un Presidente interventista. In sette anni firmò quasi dodicimila provvedimenti e De Gasperi aveva ragione a temerne il puntiglio: se il capo dello Stato non era convinto della copertura finanziaria di una legge, il documento tornava indietro. Arrivò a rispedire al mittente una leggina su un meccanismo dei compensi ad alti funzionari dello Stato per ragioni di mera opportunità. La sua ossessione era il contenimento della spesa e la riduzione del debito con l'estero: negli anni Cinquanta, nonostante gli enormi investimenti della Cassa per il Mezzogiorno, il rapporto tra debito e PIL oscillava intorno al 30%. Dinanzi al quasi 160% del 2021, Einaudi sarebbe morto d'infarto.

Nei suoi sette anni di mandato furono formati cinque governi. I primi tre da De Gasperi, il quarto da Giuseppe Pella, economista e piemontese come lui. A Pella si arrivò dopo le drammatiche elezioni politiche del 1953. Era stata appena approvata una nuova legge elettorale che assegnava 380 seggi sui 504 della Camera alla coalizione che avesse superato il 50% dei voti. La legge fu chiamata "truffa" da socialisti e comunisti che vennero alle mani con i centristi nell'aula del Senato ("Mi protessi mettendomi in testa il cestino della carta" mi avrebbe raccontato Andreotti). E chiesero invano a Einaudi di considerare illegittima la legge. La coalizione di governo mancò per poco il risultato. Raggiunse il 49,5% dei voti, ma fu forte il sospetto di brogli. Basti dire che alla Camera le schede bianche e nulle furono 1.317.583 contro le 585.291 delle elezioni precedenti (le sole nulle erano 900mila). Un nuovo conteggio avrebbe sistemato le cose, ma De Gasperi non lo chiese per evitare disordini nelle piazze. La DC aveva preso una mazzata passando dal 48% al 40% dei voti e ai suoi alleati non era andata meglio. De Gasperi non voleva formare il governo, ma Einaudi lo costrinse a tentare. Non ci riuscì e fallì anche Attilio Piccioni, uno degli ultimi esponenti della vecchia guardia cattolica. A quel punto il capo dello Stato formò il primo "governo del Presidente" dell'era repubblicana, affidando l'incarico all'uomo che considerava il suo erede, Giuseppe Pella, visto che alla guida dei ministeri economici in alcuni governi De Gasperi si era distinto per il massimo rigore. Il giorno di Ferragosto del 1953 Pella fu convocato alla Casina del Vignola, *dépendance* della Villa Farnese a Caprarola, vicino Roma, dove Einaudi si era ritirato in vacanza. Pella godeva dello scoperto appoggio dei monarchici e questo andò di traverso a parecchi democristiani. De Gasperi li scongiurò di non fare storie temendo che il Presidente desse l'incarico a Cesare Merzagora, democristiano anomalo (era ateo dichiarato) di scuola liberale, eletto da poco presidente del Senato. Pella formò in poche ore il suo governo, un monocolore democristiano, tenendosi i portafogli di Esteri e Bilancio. Ebbe una maggioranza clamorosa, che sfondò a destra e anche a sinistra tra i socialisti e conquistò una popolarità enorme durante la crisi di Trieste. La città, non ancora italiana, era divisa in due zone: la A occupata dagli angloamericani la B dagli jugoslavi (incautamente, nel '46, Togliatti aveva proposto di lasciare a Tito Gorizia in cambio di Trieste). Quando Tito minacciò di annettere alla Jugoslavia la zona B, Pella mandò forti contingenti dell'esercito al confine orientale, mostrando di voler difendere la città anche con le armi.

"Vuole dividere una pera a metà?"

Einaudi intervenne clamorosamente in difesa di Pella quando questi propose, all'inizio di gennaio del '54, un rimpasto per rafforzare il proprio governo. L'intoppo avvenne sul ministero dell'Agricoltura. Pella voleva sostituire Rocco Salomone con Salvatore Aldisio, vicino agli interessi dei latifondisti siciliani. De Gasperi era perplesso, ma il partito fu più duro facendo sapere a Pella che lo scambio era inaccettabile. Fu allora che, con un gesto mai più ripetuto, Einaudi convocò al Quirinale i capigruppo democristiani Aldo Moro e Stanislao Ceschi e – Costituzione alla mano – lesse loro una durissima nota in cui ricordava che le prerogative del presidente del Consiglio nella scelta dei ministri erano inattaccabili. Poiché la nota non prevedeva replica, i due allibiti parlamentari furono accompagnati alla porta. Pella si dimise e a palazzo Chigi andò Fanfani. Il rigore manifestato da Einaudi in questa occasione contribuì a evitare che gli fosse offerto un nuovo mandato, che lui avrebbe accettato volentieri.

Nei sette anni di presidenza, Einaudi non viaggiò mai all'estero. Andò volentieri nelle residenze presidenziali di Castelporziano e di Villa Rosebery a Napoli. Visitò regolarmente la sua tenuta di Dogliani, dove aveva impiantato, giovanissimo, un'azienda agricola – tuttora fiorente – con criteri moderni: poiché la fillossera aveva distrutto i vigneti italiani, Einaudi piantò le barbatelle su radici americane.

Come esempio della sua idiosincrasia per gli sprechi, valga questo divertente aneddoto raccontato da Ennio Flaiano, invitato a pranzo da Luigi e Ida Einaudi come giornalista del *Mondo* di Mario Pannunzio, insieme con cinque colleghi. Arrivati alla frutta, "il maggiordomo recò un enorme vassoio del tipo che i manieristi olandesi e poi napoletani dipingevano due secoli fa: c'era di tutto, eccetto il melone spaccato. E tra quei frutti, delle pere molto grandi. Luigi Einaudi guardò un po' sorpreso tanta botanica, poi sospirò: 'Io', disse, 'prenderei una pera, ma sono troppo grandi, c'è nessuno che ne vuole dividerne una con me?' Tutti avemmo un attimo di sgomento e guardammo istintivamente il maggiordomo: era diventato rosso fiamma e forse stava per avere un colpo apoplettico. Durante la sua lunga carriera mai aveva sentito una proposta simile, a una cena servita da lui, in quelle sale. Tuttavia lo battei di volata: 'Io, Presidente' dissi, alzando una mano per farmi vedere, come a scuola. Il Presidente tagliò la pera, il maggiordomo ne mise la metà su un piatto, e me lo posò davanti come se contenesse la metà della testa di Giovanni il Battista. Un tumulto di disprezzo doveva agitare il suo animo non troppo grande, in quel corpo immenso. 'Stai a vedere', pensai, 'che adesso me la sbuccia, come ai bambini'". Dopo Einaudi, annotò Flaiano, sarebbe cominciata la stagione delle pere indivise.

Finito il mandato, Einaudi si ritirò nella villetta della Banca d'Italia dov'era vissuto prima del mandato presidenziale e dove morì a 87 anni nel 1961, anno centenario dell'Unità nazionale.

Ida Einaudi, un amore da favola

L'ho scritto in *L'amore e il potere* (Mondadori, 2007), e mi ripeto. Perché mi sono innamorato di Ida Pellegrini Einaudi, morta a 83 anni nel 1968, quando il sommovimento degli studenti e della società intera seppelliva il mondo in cui lei era vissuta felicemente? Perché, pur facendo l'inevitabile tara alle interviste e ai numerosi ritratti che le sono stati dedicati, trovo che oggi sia molto difficile avere accanto per una vita intera una compagna così devota e innamorata, che sappia coprire le spalle al suo uomo in ogni circostanza.

La storia d'amore di Ida e Luigi è davvero una favola. Ida Einaudi era la figlia del conte Giulio Pellegrini, veronese da poco trapiantato a Torino. Frequentava, come usava a quei tempi, una delle scuole private per ragazze di buona famiglia: una scuola però che, oltre alla musica e alle buone maniere, insegnava anche l'economia politica. La Regia Scuola di Commercio annessa all'Istituto internazionale Germano Sommeiller che ebbe tra i suoi allievi Vilfredo Pareto, Giuseppe Pella, Giuseppe Saragat, Luigi Longo e Vittorio Valletta.

Tra gli insegnanti arrivò un ventottenne Luigi Einaudi. L'incontro in aula con Ida avvenne nel 1902, quando lei aveva solo 17 anni. Il colpo di fulmine fu istantaneo. Racconta Carlo Laurenzi, raffinato giornalista del *Corriere della Sera* amico della coppia, che l'allieva cercò di essere brava in economia, ma non ebbe più il coraggio di fissare gli occhi sulla cattedra. Il segreto fu gelosamente custodito ma, finito l'anno scolastico, il professore si presentò alla famiglia Pellegrini e fece la sua domanda.

In realtà, l'approccio fu ancora più formale. Alla fine dell'anno scolastico Einaudi chiese al direttore della scuola di poter comunicare con la famiglia della ragazza. Il conte Pellegrini dovette essere informato che non si trattava della consueta comunicazione sul profitto della figlia e uscì alquanto turbato dal colloquio con il capo dell'Istituto. Fatto sta che Einaudi fu ammesso in casa. In estate partì per la montagna e iniziò con Ida un carteggio autorizzato. Ogni volta che arrivava una lettera di Luigi, il conte Pellegrini la leggeva ad alta voce davanti a tutta la famiglia. Dopo quattro mesi di fidanzamento Luigi e Ida si sposarono a Torino il 19 dicembre del 1903. Venti invitati. Ida Pellegrini indossava un tailleur grigio e un cappellino dello stesso colore con la veletta, tra le mani un mazzolino di fiori bianchi. Come nelle favole, la sposa arrivò su una carrozza trainata da cavalli. Ci fu poi uno spartano buffet all'albergo Fiorina.

Raccontò donna Ida a Flora Antonioni, brillante giornalista di costume: "Quelli erano tempi così semplici, che non pensai neppure all'abito bianco e a una fotografia insieme il giorno delle nozze. Oggi vorrei tanto aver fatto l'una e l'altra cosa". Ma fino alla morte conservò in una scatola il mazzo di fiorellini rinsecchiti.

Il viaggio di nozze vide come tappe Roma, Napoli e Taormina: "La prima notte di nozze Ida si svegliò di soprassalto. Luigi era seduto sul bordo del letto intento a scrivere numeri con un mozzicone di matita. 'Ma che cosa stai facendo?' gli chiese. E il marito rispose: 'Sto facendo i conti per vedere se sono in grado di mantenere te e i figli che verranno'" (Stefano Lorenzetto, *L'Arena*, 7 aprile 2019).

E infatti, al rientro dal viaggio di nozze, Luigi Einaudi consegnò a sua moglie un quadernetto: "Qui dovrai segnare tutto", le disse, "quanto spendi per il pane, la frutta, il vino, specificando quando l'insalata viene dal nostro orto (anche il numero di uova prodotte dalle galline in Dogliani) e calcolando in questo caso il costo di produzione e il risparmio relativo. A fine mese farai il bilancio di ogni voce e quello generale". Per cinquant'anni donna Ida riempì il quadernetto…

Luigi Einaudi aveva investito i suoi primi guadagni nel 1897, a soli 23 anni, nell'acquisto della magnifica tenuta di San Giacomo di Dogliani per 32.351 lire, in gran parte prese a prestito. Un acquisto propiziato dalla grande crisi che aveva colpito l'Italia e l'Europa, spingendo al ribasso il valore dei terreni agricoli. Dalle ricerche fatte per la sua tesi di laurea sulla crisi agraria in Inghilterra, Luigi Einaudi si era convinto che fosse giunto il momento d'investire nell'agricoltura. Le nuove terre acquisite era in stato di degrado. Ripiantò i vigneti decimati dalla fillossera, restaurò la cascina e la tenuta divenne una proprietà modello che produsse, e produce ancora oggi, grandi vini. Il solo vezzo che il Presidente si consentì quando giunse al Quirinale fu proprio quello di far servire a tavola quasi sempre il proprio vino.

Nel corso degli anni la villa che donna Ida, vera aristocratica, chiamava casa, si arricchì di belle maioliche e volumi preziosi: cinquantamila tomi rilegati uno per uno da artigiani di fiducia. In *Luigi Einaudi. Memorie di famiglia e lavoro* (Ente per gli studi monetari, bancari e finanziari Luigi Einaudi, 1975) di Antonio d'Aroma, segretario particolare del Presidente, la sorpresa sono le pagine dedicate ai rilegatori, ai libri collezionati e alle riviste come *Il Mondo* di Pannunzio: la stessa donna Ida prestava attenzione quasi maniacale nell'acquistarle e conservarle.

Luigi e Ida ebbero cinque figli. Mario, il primogenito, nacque proprio nella Tenuta di Dogliani. Fu l'unica volta in cui marito e moglie sbagliarono i conti: il corredino del neonato era rimasto a Torino e il professore dovette farsi prestare una camiciola dalla contadina che aveva assistito Ida nel parto. Nacquero poi Maria Teresa, Lorenzo, Roberto e Giulio.

L'idea di aprire i giardini del palazzo per la festa della Repubblica (alla quale i figli non furono mai ammessi) fu di donna Ida. Ammiratissime le sue *mise* di seta *imprimé*, e i suoi tre fili di perle che fecero stile. E, da allora, i menù, le fragoline di bosco, la banda che suona *Le fontane di Roma* di Respighi, sono rimasti immutati.

Nel bellissimo giardino donna Ida portò nuove specie di rose, i suoi fiori preferiti, che prese l'abitudine di contare perché convinta che i giardinieri le recidessero anche quando non avrebbero dovuto.

"Quando Luigi ha un cosa molto privata, personale, un suo articolo, mettiamo", raccontava la moglie, "si rivolge a me e sono io a batterlo a macchina".

Pur essendo stato chiarito fin dall'inizio che la moglie del Presidente della Repubblica non aveva alcun ruolo ufficiale, donna Ida non fu semplice consorte. Sposò la causa dei bisognosi. Un settennato, il loro, che vide erogati per beneficenza e assistenza più di un terzo delle dotazioni annuali del Presidente della Repubblica. Nello stesso periodo, 28.102 bambini beneficiarono di pacchi dono contenenti indumenti di lana, dolciumi, panettoni e giocattoli: li distribuì lei personalmente.

Durante le festività natalizie del 1952, quando trecento bambini dei quartieri romani Tiburtino III e Pietralata furono accolti nelle sale del Quirinale, Ida Einaudi servì a tavola con l'aiuto delle nipoti.

Era anche una donna di spirito. Una sera invitò a cena il vecchio amico poeta Angelo Sartori. A metà cena, Ida diede di gomito al suo compagno di liceo: "Angelin, bisogna che disi quela là". Si trattava de *La Lode de l'ecelentissima merda*. Paonazzo, Sartori attaccò: *"La merda mi canto/ umano prodoto/ e ci ghe dà contro/ che i vegna pur soto/ che alora ghe spiego/ con tutto el mio fià/ el ben infinito/ che al mondo la fà"*. Era presente Leo Longanesi che fungeva da interprete per l'Ambasciatore di Francia.

Il diplomatico alla fine si rivolse a Sartori con le lacrime agli occhi: "Monsieur, se mi consegna la sua poesia, la faccio tradurre nel mio Paese da Jacques Prévert e diventiamo ricchi".

Solo una donna intrinsecamente elegante come lei avrebbe potuto organizzare una tavola di tale spirito. E solo una donna di grande coraggio, pur dall'aspetto riservato e dimesso, avrebbe sostenuto e affrontato una rocambolesca fuga attraverso le Alpi, con il suo

amato marito, non più giovanissimi. Come racconta
la nipote Giuliana, il 23 settembre 1943, come ogni
mattina, i coniugi Einaudi arrivano da Dogliani con
il treno delle ore 4 a Porta Nuova per raggiungere
l'Università di Torino dove il Professore ha la cattedra. Quella mattina il cugino Costanzo si fa trovare lì e li avverte che i fascisti aspettano Einaudi
fuori dall'università per arrestarlo. Li invita pertanto
a prendere da Porta Susa il primo treno per Aosta
per poi raggiungere la Svizzera. Arrivano a Conca di
By, località delle loro vacanze, presso i loro amici di
sempre. Ma sono in abiti leggeri e scarpe non adatte.
Donna Ida al marito: "Non ti preoccupare faccio un
salto io a Dogliani, recupero un po' di roba".

E Giuliana legge le parole della nonna: "Svegliai
mia cognata, ma non volli disturbare nessun altro.
Misi in due sacchi da montagna pesante un po' di
biancheria, gli scarponi e soprattutto roba di lana, un
po' di denaro e i miei gioielli. Non si poteva sapere
quanto sarebbe durata la nostra avventura e ci potevano essere utili".

Da By, un *passeur*, guida alpina, li conduce sino a
Col Fenêtre dove saranno consegnati alle guardie
svizzere. Einaudi è in grande difficoltà, ha una gamba
praticamente paralizzata che lo ha da tempo costretto
al bastone, non può certo attraversare il valico a piedi.
Lo caricano su di un mulo che inizia a correre in di-

scesa. Donna Ida, proprio lei, li segue aggrappandosi alla coda per tentare di tenere tutto in equilibrio.

Rimasero a Losanna sino al 10 dicembre del 1944.

3
Giovanni Gronchi
Il Presidente indecifrabile

La via del successo di un ragazzo povero

"Tolga dai 658 suffragi che mi sono piovuti addosso quelli delle destre: risulto eletto ugualmente e con largo margine. Ne tolga quelli delle sinistre: le conseguenze non cambiano. Ciò mi consentirà di essere il capo dello Stato davvero, e non il fiduciario di una parte". Così Giovanni Gronchi a Indro Montanelli che incontrò a quattr'occhi nel suo studio di presidente della Camera la sera di venerdì 29 aprile 1955, subito dopo l'elezione al Quirinale. Ricevette il giornalista "come se uscisse invece che dalla bolgia di Montecitorio e dal bailamme dei commenti, delle strette di mano, delle congratulazioni, degli applausi, dalla vasca da bagno, dopo le abluzioni seguite a una robusta dormita di dieci ore...".

Cominciò così uno dei settennati più vivaci, ambigui e sorprendenti della storia repubblicana. Un settennato indecifrabile.

Quando fu eletto al Quirinale, Gronchi era un affascinante signore di 68 anni. Nato da una famiglia piccolo borghese a Pontedera, in provincia di Pisa (padre di salute cagionevole e madre che lo lasciò a sei anni), fu "un ragazzo male in arnese", come si definì lui stesso. Poiché anche i poveri quando hanno una gran testa emergono, si laureò in lettere a 24 anni alla Normale di Pisa e si mantenne facendo l'insegnante. A 38 anni rimase vedovo senza figli e a 54 sposò Carla Bissatini, molto più giovane di lui, che gliene diede due. Interventista nella Prima guerra mondiale, si arruolò come ufficiale di fanteria e ottenne tre decorazioni.

La militanza nel Partito Popolare, di cui fu socio fondatore con Sturzo, lo portò in Parlamento due volte, nel '19 e nel '21. Quando i cattolici decisero di appoggiare il primo governo Mussolini nell'illusione di costituzionalizzarlo, Gronchi diventò sottosegretario all'Industria e al Commercio. Nel '25 meritò il lusinghiero giudizio di Piero Gobetti: "Per uno spirito spregiudicato è una fortuna incontrare a un congresso popolare un uomo come Gronchi", scrisse in *La Rivoluzione Liberale*, "nessun altro cattolico ha la sua finezza e agilità parigina, né la sua devozione al pensiero moderno, né il suo culto per lo spirito di contraddizione, provvidenza e sale della società".

Durò poco. Prima l'Aventino, poi la decadenza da deputato nel '26 imposta dalla dittatura, lo restituirono alla vita privata. Ma Gronchi era uomo pieno d'iniziativa e guadagnò bene come rappresentante di commercio e poi anche come industriale. "Negli affari", scrive Montanelli (*L'Italia dei due Giovanni (1955-1965)*, con Mario Cervi, Rizzoli, 1989), "rivelò l'altra faccia della sua personalità: la scaltrezza spinta fino alla spregiudicatezza, la capacità di simulazione, l'avidità di denaro".

Nel '42 partecipò alla fondazione della Democrazia Cristiana, e dopo la Liberazione fu ministro dell'Industria con Bonomi e nel primo governo De Gasperi. Approfittò di quella funzione per stringere un solido rapporto con l'Eni di Enrico Mattei che – come vedremo – sarà il finanziatore di sue iniziative corsare.

Gronchi entrò subito in conflitto con De Gasperi, associandosi alla corrente di sinistra di Dossetti, Fanfani e La Pira. Mandò di traverso al segretario il trionfo elettorale del '48 definendolo "il più grosso equivoco dei ceti conservatori, industriali e agrari" che a suo avviso avevano sbagliato nell'identificare nella DC il tutore dei propri interessi. De Gasperi dissentì pubblicamente da questa posizione e per toglierselo di torno negli affari di governo lo fece eleggere presidente della Camera. Ma Gronchi non era un Leone che vedeva in quel ruolo una pura incombenza istituzionale. Ne fece al contrario un centro di potere che lo avrebbe portato al Quirinale.

I giochi cominciarono nel giugno del 1954, quando al congresso democristiano di Napoli ci fu la presa di potere di Amintore Fanfani (46 anni) e dei giovani leoni democristiani. Ruvido com'era di carattere, l'aretino scacciò dal Consiglio nazionale del partito uomini come Pella, Piccioni, Gonella. Gente di scorza durissima, che si organizzò subito per la vendetta. Per rincuorare De Gasperi, sfrattato dalla guida del partito, i maggiorenti democristiani gli assicurarono il Quirinale che Einaudi avrebbe lasciato l'anno successivo. Lo statista trentino diceva di non volerne sapere ("Io in quel palazzo mi sentirei già morto tra quattro candelabri accesi") e per di più era assai mal messo con la salute: non c'era un solo organo vitale che gli funzionasse a dovere. Ma per difenderlo da nuove, prevedibili amarezze, il Padreterno, che gli voleva bene, lo richiamò con un attacco cardiaco il 15 agosto del '54, meno di due mesi dopo lo sfratto di Fanfani.

Rimasti senza padre, i democristiani – come d'uso – attinsero ai veleni più raffinati per eliminarsi a vicenda. Gonella voleva morto Fanfani. Così si sparse la voce che qualunque candidato avesse proposto il nuovo segretario, sarebbe stato bocciato. Fanfani candidò per il Quirinale il fresco presidente del Senato Cesare Merzagora, un elegante ed eclettico signore milanese di 57 anni, già musicista, commediografo e infine banchiere di successo. Ateo dichiarato, come abbiamo già visto in questo libro, di idee liberali, era stato eletto senatore dal '48 come indipendente nelle liste della Democrazia Cristiana. Fanfani lo aveva designato forse per riequilibrare con un moderato la svolta a sinistra impressa al partito dalla sua segreteria.

A poche ore dai primi scrutini, fissati per il 28 aprile, l'assemblea dei parlamentari DC – pur divisa su un nome che molti sentivano estraneo – avallò la scelta. O almeno così disse Adone Zoli, presidente del Consiglio nazionale, che fu scrutatore unico. E quando giustamente Mariano Rumor gli chiese conto dei numeri, Zoli gli rispose perfidamente: "Te lo dirò quando ti sposerai" sapendo perfettamente che quel giorno non sarebbe arrivato mai. (Eppure, un giorno, il buon Rumor, sulla cui virilità si nutrivano malevoli dubbi, mi avrebbe confessato di essere stato innamorato in gioventù di una ragazza mia concittadina aquilana che portava il mio stesso cognome...). Naturalmente il nome di Gronchi, che Gonella aveva tenuto nascosto, cominciava a circolare. Ma Fanfani, per l'eccesso di sicurezza che tante volte lo avrebbe tradito, scacciava la mosca con un gesto nervoso della mano: "Dai nostri non prenderà venti voti...".

Fanfani battuto su Merzagora, Gronchi al Quirinale

Il 28 aprile 1955, la televisione italiana, nata l'anno precedente, trasmise per la prima volta in diretta lo scrutinio per l'elezione del Presidente della Repubblica. In questa circostanza deputati e senatori si riuniscono insieme a Montecitorio. Sullo scranno più alto, accanto al presidente della Camera che guida la seduta e legge le schede, siede il presidente del Senato. Fu così che Cesare Merzagora rivisse il martirio di San Giuliano di Cappadocia che, nel 309 avanti Cristo, dopo aver confessato la sua fede, fu bruciato a fuoco lento.

La DC disponeva di 368 voti. Al primo scrutinio, al suo candidato, che era appunto Merzagora, ne andarono appena 228, contro i 308 di Ferruccio Parri sostenuto dalla sinistra e i 120 di Luigi Einaudi, candidato dei laici. Gronchi prese appena 20 voti. Al secondo scrutinio andò peggio. Per far esplodere le contraddizioni democristiane, i socialcomunisti ritirarono Parri. Merzagora scese a 225 voti, ma Gronchi schizzò a 281. Immaginate adesso la faccia di Gronchi che leggeva a voce alta il proprio nome sulle schede senza battere ciglio, mentre accanto a lui le rughe sul volto di Merzagora si moltiplicavano a vista d'occhio. Gonella – che era il capofila della corrente "Concentrazione" opposta a "Iniziativa democratica" di Fanfani – con l'aiuto di Pella stava consumando lentamente la sua vendetta.

A quel punto Fanfani corse ad affrontare Gronchi e disse agli "amici" della DC che l'aveva convinto a ritirarsi. Figurarsi Pella e Gonella. Mentre il primo riuniva i congiurati in casa del deputato Salvatore Scoca, il secondo raggiungeva Gronchi nell'appartamento di servizio del presidente della Camera a Montecitorio dove Gronchi, che viveva in casa propria, eccezionalmente aveva deciso di trascorrere quella notte. "Siamo lieti di aver sostenuto e di sostenere un democratico cristiano, inopportunamente e ingiustamente discriminato da una maggioranza composita" gli disse Gonella solennemente. "Tu, Gronchi, domani [anzi oggi, erano le tre del mattino, *nda*] sarai Presidente della Repubblica. Sarai il primo cattolico alla guida dello Stato [in realtà il primo democristiano, visto che anche Einaudi era cattolico, *nda*]. Non ti chiediamo nulla per noi, ti diciamo soltanto: non essere il Kerenskij della politica italiana. E difendi la nostra libertà parlamentare...". Sulla porta, la deputata Emanuela Savio, presente alla riunione, gli disse: "Presidente, mi raccomando, niente apertura a sinistra...".

Gronchi in realtà aveva già fatto i suoi giochi, assicurandosi i voti sia della sinistra che della destra. Giulio Cesare Re, portavoce di Pella, racconta (in *Fine di una politica*, Cappelli Editore, 1971) che il 29 mattina, incontrando il leader monarchico Alfredo Covelli nel Transatlantico di Montecitorio, Gronchi gli disse: "Io non posso accettare i voti delle sinistre se non ho i voti delle destre". E Covelli: "Allora Gronchi al Quirinale e Pella al Viminale!".

Affrontata al mattino presto una telefonata di Fanfani che chiedeva che cosa fosse successo in casa Scoca, ordinandogli di rispettare la disciplina di partito, Pella ribadì che Gronchi era l'uomo della corrente di "Concentrazione" e non solo.

Il terzo scrutinio vide ancora Merzagora fermarsi a 245 voti e Gronchi ottenerne di nuovo 281. Fanfani, terreo, dovette andare dal presidente della Camera e comunicargli, suo malgrado, che egli diventava il candidato ufficiale della DC. Così, nel pomeriggio, Gronchi dovette leggere – con la voce e il volto impassibili – per ben 658 volte il proprio nome sulle schede. Non batté ciglio nemmeno quando al raggiungimento della maggioranza semplice utile al successo, in aula esplose l'applauso. Era rimasto in lizza il solo Einaudi, con 70 voti e l'onore delle armi.

Le manovre del Presidente tra destra e sinistra…

L'invito di Pella a Gronchi di non essere il Kerenskij della politica italiana merita una spiegazione. Aleksandr Fëdorovič Kerenskij fu primo ministro della Repubblica russa subito dopo la caduta dello zar nel febbraio 1917. Combatté contro i russi "bianchi" che volevano riportare sul trono Alessandro II, ma non riuscì a impedire che i bolscevichi prendessero il potere nella "Rivoluzione d'ottobre" dello stesso anno. Anche se lui lo ha disperatamente negato nel lungo esilio prima di Parigi e poi di New York, Kerenskij è passato alla Storia come l'uomo che ha consegnato il potere ai comunisti di Lenin. "Per otto anni il mio nome è stato sinonimo di Kerenskij", si sfogò Gronchi con Montanelli subito dopo l'elezione al Quirinale, "per otto anni mi si è fatto passare per un nemico del Patto Atlantico offendendomi così in tre modi: come persona di buonsenso, come buon italiano e come uomo politico di qualche capacità... Io un Kerenskij? Se ne accorgeranno...".

Nacque così una presidenza sconcertante, perché Gronchi fu al tempo stesso il più antiamericano degli inquilini del Quirinale, il più favorevole all'apertura democristiana ai socialisti e al tempo stesso il padre politico di quel governo Tambroni che verrà ricordato come il più reazionario della storia italiana. Chi capì per primo la sua vocazione populista fu Giuseppe Saragat. "Abbiamo finalmente un Peron italiano", disse subito dopo l'elezione, "un Peron di Pontedera...". Si tenga conto che, nello schematismo giornalistico, Gonella e Pella, i grandi elettori di Gronchi, sono stati sempre catalogati nell'ala più moderata della DC, mentre Gronchi era probabilmente l'uomo più a sinistra, pur essendo combattuto dalla sinistra del partito guidata da Dossetti e Fanfani. Misteri della politica. L'abilità del nostro era comunque indiscutibile, visto che riuscì a farsi votare dalla destra del suo partito e perfino dai monarchici, mentre Nenni non stava nella pelle perché ormai considerava la presidenza Gronchi una sua creatura.

Fin dal discorso di insediamento, il neoeletto mise le carte in tavola. In politica estera riaffermò la fedeltà dell'Italia ai patti sottoscritti (cioè al Patto Atlantico: e ci sarebbe mancato altro), ma ne circoscrisse i confini nella non aggressione e in una prospettiva di disarmo. Concetti che oggi paiono scontati, ma nel cuore della Guerra Fredda non lo erano affatto, visti i regimi dittatoriali imposti da Mosca in tutta l'Europa orientale. Tanto è vero che l'ambasciatore degli Stati Uniti, Clare Boothe Luce, si rafforzò nell'opinione che l'elezione di Gronchi fosse una sciagura per il proprio Paese.

Anche in politica interna Gronchi dette segnali precisi aprendo a una presenza delle masse lavoratrici nella guida dello Stato (segnale esplicito, anche se prematuro, a Nenni) e a un rafforzamento dello Stato nell'economia (segnale all'Iri e soprattutto all'Eni di Enrico Mattei, che di Gronchi fu il braccio finanziario).

Arrivato al Quirinale, il nuovo Presidente trovò Mario Scelba a palazzo Chigi. Scelba era un democratico a 24 carati, ma come ministro dell'Interno nei primi tempi difficili del dopoguerra si era comportato in maniera assai ferma, venendo perciò subito catalogato a destra e comunque odiato dai comunisti più di chiunque altro. Ma per i capricci della politica, il "destro" Scelba s'era accordato col "sinistro" Fanfani per impedire l'elezione di Gronchi. Si vuole che Gronchi aspirasse a diventare ministro degli Esteri del governo Scelba e che il presidente del Consiglio lo avesse respinto per un famoso discorso antiatlantico pronunciato dal deputato di Pontedera. Era dunque arrivato il momento di rendergli la pariglia. Ma quando Scelba si presentò al Quirinale per le dimissioni di rito, impedì a Gronchi di accoglierle in quanto non un atto formale, ma un semplice ossequio...

Poco dopo, per la richiesta di un "chiarimento" dei repubblicani, Scelba dovette dimettersi: stavolta fu l'"amico" Fanfani a farlo secco considerandolo l'ultimo intralcio della vecchia guardia, pur avendo Scelba soltanto 54 anni.

Citiamo questo episodio perché nella gestione della sua prima crisi di governo, Gronchi mostrò di che pasta interventista fosse fatto: impose infatti all'Interno un suo protetto, Fernando Tambroni. Avvocato marchigiano di Ascoli Piceno, coetaneo di Scelba, in gioventù Tambroni aveva militato nel Partito Popolare di Sturzo, poi aveva preso la tessera fascista e nel '43 passò alla Democrazia Cristiana. Grazie alla protezione di Gronchi, Tambroni tenne l'Interno per quattro anni, fino al '59. Ebbe successo nella lotta alle mafie usando metodi spicci e sembra aggiornasse dossier riservati sui suoi compagni di partito, sui giornalisti e su chiunque contasse (pratica all'epoca diffusa, al punto che arrivato al Viminale gli fu mostrato il suo in cui spiccava la nota su una relazione con l'allora ventenne attrice Sylva Koscina). Tambroni usò un dossier anche contro Scelba: il nemico di Gronchi (e ora anche di Fanfani) furibondo per la sua giubilazione, pensava di fondare un partito cattolico a

destra della DC, ma secondo Aldo Giannuli (in "Da Cri-
spi a Scelba. Lo scandalo sessuale nella lotta politica",
l'Unità, 30 agosto 2009) ne sarebbe stato dissuaso dalla
presenza, nel suo fascicolo, di foto compromettenti con
una bella ragazza.

Quando Kruscev gli propose di diventare comunista...

A merito di Gronchi va ascritta l'attuazione di alcuni
punti della Costituzione ancora rimasti sulla carta, come
l'istituzione della Corte costituzionale, del Consiglio
superiore della magistratura, del Consiglio nazionale
dell'Economia e del Lavoro. Insistette per la creazione
di un ministero delle Partecipazioni Statali che sgan-
ciò immediatamente dall'obbedienza confindustriale
le grandi aziende controllate dallo Stato, a cominciare
dall'Iri e dall'Eni. Il potere di Mattei era talmente forte
che i ministri del nuovo dicastero finivano per rispondere a lui, essendo impensabile il contrario. Mattei fu un
uomo decisivo per la modernizzazione dell'Italia. Personalmente onesto, non badava a spese per comperare
chiunque gli tornasse utile. "Uso i partiti politici come
i taxi" diceva. "Pago la corsa e scendo". I grandi quoti-
diani paludati, legati all'industria privata, non potevano
amarlo. Nella primavera del '56 se ne inventò perciò uno
corsaro – *Il Giorno* – che unì caratteristiche innovative
(titoli grandi, articoli brevi) a una indiscussa qualità. Ne
fu il primo direttore Gaetano Baldacci, un inviato del

Corriere della Sera. Ma il padre padrone era Mattei, che avrebbe dovuto occuparsi soltanto di petrolio e di metano e che invece fece perdere alle società dell'Eni cifre colossali per tenere in piedi quello che diventò comunque un giornale importante e che serviva al suo editore per blandire gli amici (Gronchi, innanzitutto) e seminare il panico tra i nemici.

In politica estera Gronchi si muoveva in maniera totalmente autonoma, spesso in contrasto con quella del governo. Clare Boothe Luce – in gioventù attrice di qualche successo e poi giornalista e direttrice di *Vanity Fair* – aveva sposato in seconde nozze Henry Luce, magnate della stampa americana ed editore tra l'altro dei prestigiosi settimanali *Time* e *Life*. L'elezione di Gronchi, abbiamo detto, non piacque agli americani. *Time* scrisse un articolaccio e Gronchi sventolò il giornale sotto il naso della malcapitata ambasciatrice che Eisenhower aveva spedito a Roma come portavoce di un anticomunismo senza sconti. Il problema era che il nostro Presidente voleva riunificare le due Germanie creando uno stato neutrale. La cosa mandò in bestia gli americani che con i formidabili aiuti del Piano Marshall – rifiutati dalle repubbliche socialiste dell'Europa orientale su ordine di Mosca – volevano la Germania occidentale ben salda nell'Ovest.

Gronchi fu il primo capo della Repubblica italiana a viaggiare all'estero. Il suo tour negli Stati Uniti andò male (la Boothe Luce si rifiutò di viaggiare sul suo stesso aereo). Il viaggio del '60 in Unione Sovietica andò perfino peggio. Il Presidente italiano – che aveva voluto quella trasferta contro il parere del governo e comunque l'aveva organizzata male – si comportò correttamente ("La distensione", disse a Kruscev, "implica il riconoscimento sincero degli altrui diritti e delle altrui libertà"). Ma la sua fama di uomo aperto a sinistra indusse il capo del PCUS a chiedergli perché non si iscrivesse al Partito Comunista visto che era il migliore del mondo. Pella, ministro degli Esteri, cercò di incollare i cocci alla bell'e meglio. E Kruscev – capita la gaffe – arrivò perfino a scusarsi. Ma arginare il movimentismo politico e diplomatico di Gronchi era impossibile.

Tambroni, i fatti di Genova e il declino di Gronchi

I pasticci della visita a Mosca indispettirono i liberali che tolsero la fiducia al governo Segni. Ma non fu solo questa la ragione della caduta del gabinetto. La DC era divisa: una parte avrebbe proseguito nella politica centrista, un'altra voleva sempre più avvicinarsi alla sinistra e sempre più fare a meno del supporto occasionale di monarchici e missini. Dopo un paio di tentativi falliti, Gronchi incaricò Tambroni di formare il nuovo governo. Era il 21 marzo 1960.

Qualche mese prima, in ottobre, al congresso democristiano di Firenze, Tambroni aveva sorpreso tutti scavalcando a sinistra lo stesso Fanfani e invocando una sollecita apertura ai socialisti. Quando dovette chiedere la fiducia al Parlamento, fece tuttavia un discorso fumoso che, nel tentativo di tranquillizzare i democristiani, blandire i socialisti, occhieggiare a monarchici e missini, finì con farlo bocciare per una spaccatura nel suo stesso partito. Gronchi non si dette per vinto. Visto che il suo pupillo aveva comunque ricevuto la fiducia della Camera, lo rispedì al Senato e Tambroni riemerse dalla mischia con la fiducia dei suoi compagni di partito, ormai stremati, e dei missini. Questi, ringalluzziti, annunciarono in maggio di voler tenere il loro congresso a Genova, città rossa e medaglia d'oro della Resistenza.

All'inizio sembrava che la cosa filasse liscia: il precedente congresso missino s'era tenuto senza incidenti a Milano, anch'essa città simbolo della lotta di Liberazione. Ma il 5 giugno *l'Unità* pubblicò la lettera di un operaio genovese che chiedeva una mobilitazione per impedire il congresso neofascista. Per l'intero mese di giugno ci fu una escalation di manifestazioni antifasciste che talvolta finirono con scontri di piazza sedati dalla polizia senza eccessive difficoltà.

Il culmine si raggiunse il 28 giugno, all'immediata vigilia del congresso, con un acceso discorso di Sandro Pertini che dinanzi a decine di migliaia di persone evocò la immaginabile indignazione dei torturati e dei fucilati dai nazifascisti.

Gli incidenti avvennero il 30 giugno, giorno di sciopero generale, alla fine di una colossale manifestazione. Come spesso accade in situazioni simili, il corteo si snodò pacificamente lungo il percorso concordato fino a quando se ne staccò un gruppo che si mosse verso piazza De Ferrari, nel cuore della città, presidiata dalla polizia. Su quanto accadde si hanno versione opposte. I manifestanti dissero di essere stati attaccati dalla polizia, la polizia sostenne il contrario. Anton Gaetano Parodi, militante comunista, in *Le giornate di Genova* (Editori Riuniti, 1960) scrive che i manifestanti "aggrediti con violenza dalle camionette della Celere" ne rovesciano e ne incendiano tre. "Nove automobili private colpite dalle bombe lacrimogene vengono avvolte dalle fiamme. Le vie laterali a piazza De Ferrari e i vicoli di Porta Soprana sono disselciati. I dimostranti rispondono alla violenza con la violenza". Scrisse Mario Cervi, inviato del *Corriere della Sera*: "È sempre difficile in questi casi identificare esattamente la scintilla dell'incendio... Nelle mani dei manifestanti comparvero stranamente bombe lacrimogene. La sassaiola contro la polizia era incessante. Un agente fu buttato nella vasca di piazza De Ferrari, altri vennero colpiti dalle pietre e andarono sanguinanti a medicarsi. Alcuni dimostranti, catturati, vennero issati rudemente, tra una gragnuola di ceffoni, sulle jeep".

I proprietari del teatro Margherita, dove avrebbe dovuto svolgersi dal 1° luglio il congresso, ne revocarono la disponibilità. I missini lo annullarono accusando il governo di non averli protetti. Ma il peggio doveva ancora accadere. Se una manifestazione non autorizzata del 6 luglio a Roma, nella sede simbolica di Porta San Paolo, finì con scontri durissimi in cui furono coinvolti anche parlamentari che lamentarono percosse dalla polizia, l'indomani a Reggio Emilia gli agenti uccisero cinque manifestanti e ne ferirono parecchi altri. Alla Camera, socialisti e comunisti invocarono le dimissioni del governo, ma Nenni era allarmato perché – scrisse nel suo diario – le manifestazioni stavano scappando di mano alla sinistra: a Palermo e a Catania – dove c'erano stati altri tre morti negli scontri con la polizia – "la piazza era rimasta per alcune ore in balia di elementi incontrollabili e irresponsabili".

Mentre la DC reggeva all'ondata, Tambroni – come ricorda Montanelli nel libro citato – ricevette una pugnalata alla schiena dal presidente del Senato Cesare Merzagora. Battuto, come abbiamo visto, da Gronchi nella corsa al Quirinale, ora si vendicava contro il suo pupillo mettendo sullo stesso piano manifestanti e polizia, chiedendo che quest'ultima fosse consegnata nelle caserme, mentre anche le manifestazioni dovevano sospendersi e il Parlamento dibattere.

Tambroni non la mandò giù. Difese il suo operato alla Camera ricordando che nel '56, dopo i moti d'Ungheria, come ministro dell'Interno aveva difeso le sedi del

PCI dagli assalti degli anticomunisti. Ma Moro, da un anno segretario della DC, a parole lo sosteneva, mentre cominciava il cammino verso la *convergenza democratica* con i socialisti. Tambroni alla fine dovette dimettersi e fu stroncato da un infarto poco dopo. Fanfani tornò al governo e, per far perdonare a Moro l'occhiolino al PSI, fece un governo moderatissimo restituendo l'Interno a Mario Scelba, che delle camionette della Celere era il santo patrono. Ma da quel punto il declino di Gronchi fu irreversibile e i tentativi di rielezione, nonostante gli sforzi di Mattei, inutili.

Carla Gronchi,
moglie giovane e paziente

Quando Gronchi varca il portone del Quirinale, tiene sottobraccio Carla Bissatini, sposata nel 1941, dopo anni dalla morte della sua prima moglie, Cecilia Comparini, sposata nel 1914.

Carla era amica di una nipote di Gronchi. Lei aveva appena 14 anni, lui 39. Non la guardò nemmeno. Ma lei si innamorò perdutamente di quell'uomo triste e affascinante, molto elegante e con una voce bellissima. Quando confessò ai suoi genitori la sua passione, la presero per matta, ma lei fece intendere: o lui o nessuno. E aspettò. Si sposarono che lei di anni ne aveva 29 e lui 54. Carla era molto bella, ma era "fredda, magra e alta tanto che lui la obbligava a portare scarpe molto basse e a starsene lontana quando c'era da far foto" (Giorgio dell'Arti, *Vanity Fair*, maggio 2006).

Il lungo intervallo tra i due matrimoni non deve, però, far pensare a un Gronchi macerato nella solitudine. Vedovo o sposato, si prodigò in un'attività galante che, soprattutto, e si spiega, dopo l'elezione a Presidente, suscitò pettegolezzi e alimentò un'abbondante e piccante aneddotica (Indro Montanelli, e Mario Cervi, *L'Italia dei due Giovanni*).

Carla e Giovanni rimarranno a vivere in via Carlo Fea, quartiere Nomentano, guadagnandosi l'attico. E qualche anima maliziosa immaginò che questa scelta fosse fatta perché il Presidente voleva avere in "ufficio", così chiamava il Quirinale, una certa libertà di movimento. Nel 1967, quando aveva esaurito il suo mandato da cinque anni, il settimanale scandalistico *Abc* scrisse: "I romani parlano spesso della porticina che Gronchi ha fatto aprire sul lato del Quirinale in via dei Giardini. Si mormora che dalla romantica porta passino le amicizie femminili del Presidente, che non potrebbero introdursi per il portone principale senza dar adito a pettegolezzi". In verità quell'ingresso già esisteva e forse Gronchi lo fece riaprire. Una porta non presidiata dai corazzieri. Favorevole a ingressi senza registrare orario e generalità.

Che fosse un gran donnaiolo me lo confermò Andreotti: "De Gasperi non se capacitava". Una signora vide svelata la sua relazione con il capo dello Stato durante il viaggio inaugurale di una nave, quando gli altoparlanti di bordo diffusero l'annuncio che era richiesta al telefono dal Quirinale. Un ministro dei Trasporti, intimo amico di Gronchi, era solito scambiare con lui l'automobile in una determinata località della Toscana, poi rientrava a Roma con quella del

Presidente per consentire a quest'ultimo di andare a trovare in incognito una signora. La cosa durò al punto che l'amico in questione fu ribattezzato "ministro dei Trasbordi".

Nell'articolo su *Abc* si parlava di "compagnie che servono a distrarre un po' il Presidente dalle fatiche della carica e consentono a Gronchi, l'uomo, di vivere qualche ora serena in libertà, senza le costrizioni del cerimoniale". Fillipo Ceccarelli, nel suo *Il letto e il potere* (Longanesi, 1994), sospetta che il settimanale abbia riprodotto pari pari un dossier del chiacchierato servizio segreto del tempo, il SIFAR. E fa il nome di due signore sconosciute ai più, e di quattro signorine del mondo dello spettacolo: Anna Maria Gambineri, Giorgia Moll, Tina De Mola, Sandra Milo. "Onestamente", mi assicura la Milo, "io non l'ho mai conosciuto". La stessa cosa mi disse la Gambineri.

Si raccontò che Gronchi ebbe un malore una volta che era seduto accanto a Tina De Mola, poi moglie di Renato Rascel, attrice e prorompente showgirl. A un cronista che gli ricordò l'accaduto, imperturbabile Gronchi rispose: "Guardi, io sono democristiano e cattolico praticante, ma soltanto dalla cintola in su".

La verità è che donna Carla, appena Gronchi venne eletto Presidente, capì che la nuova vita avrebbe avuto non solo onori e gratificazioni, ma pure insidie di ogni genere. Lei stessa scrisse su *Epoca*: "Ora so che in regime di democrazia le investiture popolari possono esigere, dall'uomo al quale vanno, l'esposizione pubblica anche delle sue cose private".

Negli anni Cinquanta la maggior parte degli italiani, anche quelli che avevano votato per la Repubblica, era ancora molto legata alla favola dei fasti di corte. Così, sfogliando le riviste dell'epoca, è possibile imbattersi negli abiti che Fernanda Gattinoni aveva disegnato per la signora Gronchi in occasione della visita della regina Elisabetta d'Inghilterra. Donna Carla era appena rientrata da un faticosissimo viaggio in America del Sud, in cui aveva perso otto chili. Flora Antonioni, durante il ricevimento in onore della regina al Quirinale, la scovò dietro una tenda: "Era pallidissima", scrisse su *Amica*, "i grandi occhi grigio-azzurri sbarrati nella sofferenza, il viso proteso a captare una folata d'aria fresca dalla finestra spalancata sul cortile d'onore [...]. L'abito di merletto vestiva una figurina diafana, le mani avevano una magrezza che dava da sola il senso della sua fatica".

Sempre su *Amica* la stessa Antonioni titolò il commiato ai Gronchi "Sette anni in tailleur al Quirinale". Come scrisse in quei giorni Guido Quaranta su *Paese Sera*, per l'intera durata del mandato del marito ogni mattina alle 10 Carla entrava nella sede della Croce Rossa (era, per statuto, presidente del comitato femminile), si chiudeva in una stanza e si metteva a battere a macchina la corrispondenza smistando aiuti a chi ne avesse bisogno. Prima di sposare Gronchi era una semplice impiegata e tale tornò a essere nei sette anni al Quirinale. "Compariva al fianco del marito nelle circostanze ufficiali, ma sempre con un'aria distaccata e senza comunicativa. Non era e non teneva a essere la Prima Signora del Quirinale" (Sergio Piscitello in *Gli inquilini del Quirinale*, Bur, 1999).

Avevano due figli, Mario e Maria Cecilia. Il figlio Mario morì giovane di un male incurabile. "Non voglio che crescano con la mentalità del principe ereditario" disse il Presidente appena eletto. E la mattina successiva li accompagnò come sempre aveva fatto in automobile alla scuola pubblica. Eppure, "Gronchi fu attaccato dall'opinione pubblica sul piano personale per un piglio quasi arrogante nel tratto, per le sue propensioni galanti, vere *glossae extravagantes* da lui apposte al 'testo' della propria vita coniugale peraltro contrassegnata da vacanze estive o invernali con moglie e figli in località turistiche giudicate eccessivamente lussuose" (Marcello Staglieno, *L'Italia del Colle. 1946-2006*, Boroli, 2006).

La figlia Maria Cecilia, in un'intervista al *Tirreno* in occasione di una delle sue visite a Pontedera, ricorda anche dell'unica volta in cui partecipò a un viaggio all'estero con i suoi: la visita in America Latina nel '61, quella del leggendario "Gronchi Rosa", "[...] francobollo che tra l'altro io non ho".

Maria Cecilia entrò al Quirinale all'età di 11 anni e ne uscì a 18. L'incarico aveva certamente rapito il padre di famiglia, che però "seppe essere sempre presente e affettuosissimo. Se non a pranzo, almeno a cena era in famiglia e ci diceva sempre... dobbiamo dare l'esempio. Mi ricordo che il primo giorno della licenza liceale volle ripassare con me la *Divina Commedia*. S'immagini cosa volesse dire farlo con lui, professore di lettere".

E di donna Carla scrisse: "Mia madre fu una *first lady* molto presente, ma allo stesso tempo riguardosa della funzione del marito senza alcuna possibilità di prevaricazione. Lo seguì ovunque: in Brasile, in Unione Sovietica, negli Stati Uniti".

Carla Gronchi recuperò il dominio sul marito solo negli ultimi tempi, quando l'ex Presidente, ormai anziano e malato, aveva abbandonato ogni altra velleità e viveva tra i suoi libri e i suoi quadri, nella sua bella casa, accudito dalla moglie con una dedizione e una padronanza finalmente completi, una volta cessata qualsiasi concorrenza.

I Gronchi riposano insieme a Pontedera dove Maria Cecilia si reca spesso, anche perché lì fu aperto il Centro Studi "Giovanni Gronchi".

4
Antonio Segni
L'enigma del golpe fantasma

E Brusco disse: "Il sensorio è vigile..."

Appena arrivato al telegiornale, nel maggio del 1969, mi fu indicato subito un ometto corpulento con la faccia impreparata al sorriso, che a piccoli passi sveltissimi percorreva i pochi metri che dividevano la sua stanza, nel corridoio della direzione, dalle nostre. Era Ettore Brusco, il potentissimo segretario di redazione, assai temuto da noi intimiditi praticanti e non solo. "È quello del sensorio vigile...." mi disse, indicandomelo, un collega meno giovane di me. Sensorio che? "Non ricordi? Quando il 7 agosto del '64 Antonio Segni fu colpito da un ictus, Brusco era il capo ufficio stampa della presidenza della Repubblica. Per quattro mesi si parlò ogni giorno di dimissioni, ma al Quirinale prendevano tempo. La DC non si metteva d'accordo sul nome del successore e Brusco ogni tanto compariva al telegiornale per leggere il bollettino medico che si concludeva con la frase 'il sensorio del paziente è vigile', cioè il capo dello Stato era nelle condizioni di intendere e di volere".

Nel pomeriggio di quel giorno d'estate Segni aveva ricevuto per un colloquio privato il presidente del Consiglio Moro e il ministro degli Esteri Saragat. Sergio Piscitelli, testimone oculare come funzionario del Cerimoniale della Repubblica, racconta che Segni si era ritirato per lavorare in un minuscolo studio ovale semibuio, perennemente ingombro di carte, al primo piano della palazzina del Fuga, con le finestre su via del Quirinale. Aveva lasciato il grande salone affacciato sui giardini alla moglie Laura, per i suoi tè pomeridiani con le signore del Palazzo. Il colloquio del 7 agosto sembrava destinato a stabilire un movimento di ambasciatori. Segni voleva che Federico Sensi, suo consigliere diplomatico, fosse inviato a Mosca. Saragat era fermamente contrario. Di qui l'alterco. Ma alcuni commessi, interrogati più tardi da Vittorio Gorresio, dissero d'aver sentito minacce di deferimento all'Alta Corte di giustizia. E si pensò che fossero rivolte al capo dello Stato da Saragat, che lo sospettava – come vedremo più avanti – di iniziative al limite della cospirazione per quanto era accaduto un mese prima, dopo che Segni aveva ricevuto il comandante generale dei carabinieri, Giovanni de Lorenzo. La sola disputa su Sensi non valeva in effetti un ictus, anche se a questa Piscitelli attribuisce il violento scatto d'ira di Segni: "La terribile e pericolosa collera fredda dei timidi e degli introversi". Nessuno dei due testimoni diretti disse fino in fondo quel che era successo. Saragat sul momento confidò di aver sentito Segni, prima del coccolone, parlare "come se avesse una caramella in bocca" e successivamente disse che da molti giorni il capo dello Stato dava qualche segno di squilibrio, forse per diluire il sospetto di aver acceso la scintilla fatale. Fatto sta che Segni fu portato nella sua camera da letto e visitato con grave ritardo e con diagnosi e prognosi infauste dal suo medico, il luminare Giuseppe Giunchi, che aveva conosciuto come professore nell'Università di Sassari: ictus cerebrale, perdita della parola e della conoscenza, con paralisi del lato destro del corpo. Il traffico su via del Quirinale fu deviato per non disturbare il Presidente, come era avvenuto nel 1901 a Milano quando negli ultimi giorni di vita di Giuseppe Verdi via Manzoni fu cosparsa di paglia perché il rumore degli zoccoli e delle carrozze non raggiungesse la finestra della stanza del Grand Hotel et de Milan, dove riposava il musicista. Quattro giorni dopo, un secondo attacco sembrò accelerare la fine di Segni. Poi ci furono lenti miglioramenti.

Furono giorni, poi settimane, poi mesi di grande angoscia e di grande tensione politica. Mentre migliaia di persone andavano al Quirinale per firmare un registro d'onore in segno di solidarietà con l'illustre infermo, alti funzionari della Repubblica disegnavano i dettagli di un solennissimo funerale di Stato, essendo la prima volta che un Presidente sarebbe potuto morire in corso di mandato. Richiamato d'urgenza da Barcellona, il presidente del Senato Cesare Merzagora svolgeva le funzioni di capo dello Stato supplente.

A metà ottobre, Moro disse in Parlamento che le condizioni del Presidente miglioravano. Si arrivò al punto che un quotidiano conservatore, *Il Tempo*, restituisse a Segni il colorito perso da tempo e concludesse perentorio: "Il Presidente ha l'uso delle sue facoltà, facendogli difetto soltanto la possibilità di esprimersi verbalmente, mentre ormai può apporre la firma su qualsiasi documento scrivendo con la mano sinistra, grazie anche a una particolare abitudine che ha avuto fin dai tempi della gioventù". Ma in novembre non c'erano segni tali da far immaginare una reale ripresa. Pur nel rispetto per l'infermo, Saragat premeva per la decadenza di Segni sperando di succedergli, in questo sostenuto da Togliatti. Moro temeva che una nuova battaglia quirinalizia mettesse in pericolo il già traballante governo di centrosinistra da lui presieduto. Nenni era dello stesso avviso. Si volle evitare l'umiliazione di una decadenza per incapacità d'intendere e di volere.

Accadde così che, in un pomeriggio domenicale spazzato da una gelida tramontana, il 6 dicembre 1964, festa di San Nicola, Segni dettò in prima persona il messaggio apparso sulla *Gazzetta Ufficiale*, suggeritogli con fermezza da Aldo Moro: "In considerazione delle mie condizioni di salute per la grave malattia che mi toglie, per un lungo periodo di tempo, la possibilità di esercitare le mie funzioni, ho maturato, sentito il parere dei medici curanti, la irrevocabile decisione di dimettermi dalla carica di Presidente della Repubblica".

"Lo spinsero lentamente su una poltrona a rotelle nella saletta degli Arazzi piemontesi, accanto al suo studio ufficiale. Su uno scrittoio stile Impero, lo stesso su cui Vittorio Emanuele III aveva sottoscritto il trattato di pace con l'Austria nel 1919, era posato l'atto di rinuncia alla carica... Quattro ore dopo, quando la televisione diede l'annuncio, e uno speaker lesse un suo messaggio di commiato agli italiani, era già andato a dormire. L'indomani i giornali scrissero che Antonio Segni, quarto Presidente della Repubblica, aveva firmato le sue dimissioni con la mano sinistra" (Guido Quaranta, *Ritratto di presidenti con signora*, Sei, 1978).

Alla guida di due governi tra destra e sinistra

"Il primo e fondamentale motivo della popolarità di cui Segni gode nel Paese è che non fa rumore nemmeno quando cade. Quietamente, come quando lo inizia, egli liquida il ministero, ed è l'unico a cui la crisi non riesce a strappare né pugni sul tavolo, né roventi apostrofi, né dichiarazioni polemiche... Si accomoda la sciarpina bianca sul collo e sorride. Si posa in testa il feltro nero e sorride...". Così scriveva Indro Montanelli sul *Corriere della Sera* del 6 marzo 1960, mentre Segni, nel suo secondo governo, era stretto tra la necessità di dare un segnale moderato al Paese e l'inevitabile scivolamento verso l'alleanza con i socialisti. Nicola Adelfi, grande firma della *Stampa*, lo descriveva così: "Un uomo esile più che magro, un volto esangue, i capelli bianchi e soffici come la seta, una sciarpa bianca al collo quasi tutto l'anno, e due mani lunghe, affusolate, sempre sollecite a salutare la folla. In più due occhi melanconici, un sorriso benigno".

L'"omino di porcellana", come lo chiamava Montanelli, era nato nel 1891 a Sassari, città alla quale era rimasto sempre così legato da far scrivere a Vittorio Gorresio (*L'Italia a sinistra*, Rizzoli, 1963): "Viveva a Roma come se vi stesse da provvisorio, ma sempre con un posto prenotato sull'aereo da Ciampino ad Alghero e ogni sabato puntualmente partiva per la Sardegna". Si diplomò al liceo classico Atzuni, celebre per aver licenziato giovanotti che avrebbero fatto una gran carriera politica: Palmiro Togliatti (pure non sassarese), Enrico Berlinguer e i suoi fratelli, Francesco Cossiga, Beppe Pisanu, Arturo Parisi, Gavino Angius...

Laureatosi in giurisprudenza, Segni prese una cattedra di procedura civile all'università prima dei trent'anni e la tenne per decenni in diversi atenei. S'iscrisse nel '23 al Partito Popolare, uscì dall'attività politica durante il fascismo e riemerse nel '42 come socio fondatore della Democrazia Cristiana di cui fu deputato dalla Costituente in poi. La sua passione era l'agricoltura: la sua famiglia, aristocratica, aveva proprietà terriere molto estese e lui stesso si definì sempre "agricoltore, figlio di agricoltori". Tenne perciò volentieri la guida del ministero di settore per un periodo smisuratamente lungo, soprattutto per l'epoca: cinque anni, dal '46 al '51, in cinque governi presieduti da De Gasperi. Durante il suo mandato, Segni cavalcò il conflitto d'interessi al contrario. Fu il padre della riforma agraria, la più importante del primo dopoguerra, espropriando anche se stesso e la sua famiglia di una parte del latifondo. I proprietari terrieri, furibondi, lo definirono perciò "bolscevico bianco".

Eppure Segni dimostra in maniera trasparente quanto sia sbagliato lo schematismo col quale noi giornalisti, innanzitutto, collochiamo sbrigativamente i politici a destra o a sinistra, come fossero birilli senz'anima nelle nostre mani. L'anima popolare lo portò, per esempio, come ministro della Pubblica Istruzione – incarico che tenne per tre anni subito dopo l'Agricoltura – a svolgere una formidabile campagna contro l'analfabetismo che raggiungeva allora ancora il 13% della popolazione italiana (15% tra le donne). "Socialista" in economia e con le classi più disagiate, Segni era in realtà l'esempio del moderato senza oscillazioni. La garanzia dei momenti difficili. Il solutore di situazioni insolubili. "L'uomo della Provvidenza o delle emergenze della Democrazia Cristiana", scriveva Montanelli, "il Santo a cui ci si vota quando non si sa a quali altri votarsi, non tanto nella speranza che sbrogli le cose, quanto nella certezza che non ci riesca e non duri. E invece dura". Il suo primo governo – dal luglio del '55 al maggio del '57 – fatto con socialdemocratici e liberali, fu rigorosamente centrista e di durata straordinaria per anni in cui i gabinetti duravano il tempo di un sospiro. Nacque come elemento pacificante tra chi tirava la giacca di Gronchi a destra e chi la tirava a sinistra. "Proprio per la duplice identità di Segni di conservatore e di progressista", annotano Mammarella e Cacace nel libro citato, "nel suo governo ciascuno poteva vedere riflesse le proprie idee e la propria influenza".

Fu un governo importante perché il 26 marzo del '57 Segni fece in tempo a firmare i "Trattati di Roma" che istituivano la Comunità Economica Europea (eravamo soltanto in sei, con tedeschi, francesi e i tre Paesi del Benelux). Trionfatrice alle elezioni del '58 con oltre il 42% dei voti (20 in più del PCI indebolito dai fatti d'Ungheria del '56), la DC era tuttavia sempre divisa tra chi (Moro e Fanfani) voleva ormai governare con i socialisti e la fortissima componente moderata e centrista. Quando, all'inizio del '59, Fanfani si dimise logorato dagli attacchi, ancora una volta si fece ricorso a Segni che formò di nuovo un governo strabico. E come i governi DC "di sinistra" erano pieni di ministri "di destra", così il secondo gabinetto Segni -- un monocolore che si reggeva grazie alla benevolenza non solo dei liberali, ma anche dei monarchici e dei missini – era strapieno di ministri che non aspettavano altro che abbracciare i socialisti. Il governo durò soltanto un anno perché l'aria di corna si era fatta irrespirabile per i liberali. Ma l'"omino di porcellana", con la sciarpina bianca e il feltro nero, aveva posto le premesse per un'autorevole candidatura al Quirinale alla scadenza del mandato di Gronchi nel 1962.

Mattei comprò i voti per Gronchi?

Era un momento di snodo per la politica e la società italiana. Il "miracolo economico" era al suo culmine (la prima frenata brusca sarebbe arrivata nel '63). L'unione doganale, malvista all'inizio dagli industriali (Vittorio Valletta, il patron della Fiat, fece di tutto per ritardarne l'attuazione) aveva fatto esplodere le esportazioni, aumentate del 70% negli ultimi quattro anni. Il benessere era palpabile. Il giornalista americano Norman Kogan scriveva (*L'Italia del dopoguerra*, Laterza, 1968) che "in talune categorie specializzate, i salari offerti erano talmente alti che superavano quelli corrisposti in Germania e questo incoraggiò in certa misura il ritorno degli emigrati". Si racconta che alcuni industriali mandassero i loro uomini del personale ad aspettarne l'arrivo alle stazioni ferroviarie per offrirgli subito un lavoro. Fu proprio la Fiat a fare il bottino più grosso. Le patenti di guida passarono da 358mila nel '58 a un milione 250mila nel '62, mentre dopo soli otto anni di lavori veniva completata l'autostrada del Sole da Milano a Napoli.

Per farsi perdonare le "convergenze parallele" con i socialisti, Moro – segretario della DC – aveva bisogno di un moderato alla Segni per il Quirinale. Naturalmente, come sempre accade, l'ascesa all'alto Colle è faticosa come quella per il Golgota. Saragat voleva il Quirinale per sé, a testimonianza che il centrosinistra era ormai irreversibile. Moro, per non inimicarselo, inventò uno dei suoi geniali paradossi: sosteneva sì Segni, ma "non in contraddizione, bensì in parallelo" con la candidatura di Saragat. Che cosa questo significasse lo sapeva soltanto lui. Ma tant'è. C'erano poi le candidature nascoste della DC. Gronchi voleva restare. Renzo Trionfera, citato tra l'altro da Montanelli e Cervi in *L'Italia dei due Giovanni*, scrisse che Enrico Mattei avrebbe messo a disposizione del Presidente uscente un miliardo di lire tondo tondo per comprare alcuni grandi elettori. La pratica sarebbe stata sbrigata dal generale Giovanni de Lorenzo, allora direttore del SIFAR, il servizio segreto militare. "L'attivismo di Gronchi fece riemergere il chiacchiericcio sulla sua presidenza. Non solo per la sua passione per le donne, voci di favori fatti agli amici, di speculazioni immobiliari di uomini vicini al Quirinale, commistioni tra interesse pubblico e affari privati di alcuni alti funzionari legati al capo dello Stato..." (Mario Pacelli e Giorgio Giovannetti, *Il colle più alto*, Giappichelli, 2017). Fino alla leggenda del "Gronchi rosa": "Il francobollo emesso nel 1961 in occasione del viaggio del capo dello Stato in America Latina aveva i confini del Perù palesemente errati. Il valore bollato rimase in vendita per tre giorni e poi ritirato in modo fin troppo eclatante. Con l'effetto di trasformarlo in una rarità. Venduto a 205 lire, dopo una settimana, la Bolaffi, la maggiore azienda filatelica italiana, lo valutava 250mila lire". Insomma "il pettegolezzo si era infittito fino a diventare un coro" e Gronchi finì fuori gioco. Ma la strada di Segni era ancora lunga. Quando, il 30 aprile 1962, deputati e senatori della DC si riunirono per esprimere la ratifica all'indicazione ufficiale della segreteria, l'"omino di porcellana" ebbe soltanto poco più della metà dei voti.

Scontro con Saragat. Montini ferma Fanfani. Segni Presidente

Dal quarto scrutinio bastava la maggioranza assoluta, 428 voti. Segni ne prese 354, ma Saragat lo rincorreva con 321. Per scongiurare sorprese, al sesto scrutinio intervennero compatti monarchici e missini e Segni salì a 399 voti. Ma Moro si trovava in forte imbarazzo. Un conto era bilanciare con il Quirinale la controversa apertura a sinistra, altro era mandarci il candidato ufficiale della DC eletto con i voti determinanti della destra. Ribadì, dunque, in un comunicato, l'orientamento "democratico, popolare, anticomunista e antifascista" del partito. Tirandosi dietro lo scherno del segretario missino Arturo Michelini: "Noi abbiamo votato per Segni e non per Moro. Per Moro non avremmo certo votato".

Oriana Fallaci, allora inviata dell'*Europeo*, rivelò che tra un turno di votazioni e l'altro Segni usciva dall'aula e andava a pregare in qualche chiesa: "Seguendolo, lo si poteva facilmente sorprendere in ginocchio, dinanzi a un altare, il visino di cera affondato nelle manine di cera, la candida testa insaccata dentro quelle spalle strette strette da bimbo e, in quell'atteggiamento da penitente che attenda il miracolo, restava un'ora, due ore".

La sera del 4 maggio, i Re Magi dorotei (Emilio Colombo, Mariano Rumor e Carlo Russo) andarono a casa Segni e gli assicurarono che lo avrebbero sostenuto *usque ad lapidem*. L'indomani Saragat provò a rimescolare le carte. Scrisse a Togliatti, a Nenni e al repubblicano Reale, che era disposto a ritirarsi se la DC avesse ritirato Segni. I liberali fecero fuoco e fiamme, Moro temette un referendum pro o contro l'apertura a sinistra e tenne duro dopo averlo comunicato personalmente a Saragat andando a trovarlo nella sua casa di lungotevere Flaminio. Segni aveva intanto incontrato Fanfani (che sapeva di poter contare sui voti della sinistra se la DC l'avesse sostenuto) e il presidente del Consiglio aveva richiamato all'ordine i suoi "franchi tiratori". Fanfani era stato "addolcito" anche dal cardinale di Milano, Giovanni Battista Montini (di lì a poco sarebbe diventato Paolo VI) che in un colloquio riservato lo aveva invitato a comportarsi come "un buon cristiano".

Il 6 maggio, alla nona votazione, Segni mancò il quorum per soli 4 voti. Incontrando Saragat durante la "chiama" per l'ordine alfabetico, non si salutarono. Alla decima votazione accadde un incidente che rischiò di rimettere tutto in discussione. Si constatò che non tutti i parlamentari avevano ricevuto la scheda. Fu chiamato il democristiano Antonio Azara, che era stato primo presidente della Cassazione e ministro della Giustizia. Era senza scheda e gliela dette un collega DC, Angielo Cemmi. Il problema è che Cemmi aveva già scritto il nome di Segni. (erano numerosi, infatti, i parlamentari che per dimostrare la loro lealtà non aspettavano il segreto dell'urna per scrivere la loro preferenza). Azara, uomo di Sassari come Segni, la infilò nell'urna senza battere ciglio. Se ne accorsero due deputati comunisti e scoppiò lo scandalo. Ci furono tumulti al grido di "Camorra! Camorra!", il presidente della Camera Leone dovette sospendere la seduta e ricevette subito Palmiro Togliatti. Il segretario del PCI chiese che la votazione fosse ripetuta l'indomani, suggerendo che la DC cambiasse il candidato. Se fosse stato scelto Leone, avrebbe potuto essere eletto anche con i voti dell'intero schieramento di sinistra.

Leone era un galantuomo e un fine giurista. Aveva il

potere di rinviare la seduta, ma – racconterà a Vittorio Gorresio – avrebbe commesso il reato di interesse privato in atti d'ufficio. Si votò dunque la sera stessa e, alle 22, Segni veniva proclamato Presidente della Repubblica con 449 voti. Per la prima volta la DC riusciva a far eleggere il proprio candidato. Segni attese il risultato nella saletta del governo a Montecitorio "nervoso come una scimmia", testimoniò il cronista Emmanuele Rocco. Ricevuti i complimenti della Trinità Dorotea (Colombo, Rumor e Carlo Russo) e poi di tutti gli altri, chiese un bicchiere di latte, infilò il soprabito, si avvolse nella sciarpa bianca, calzò il feltro nero e si fece accompagnare dal conterraneo Francesco Cossiga alla sua abitazione in via Sallustiana, 15.

De Lorenzo ricevuto da Segni. Nenni cede sulle riforme

Segni volle trascorrere il primo giorno da Presidente della Repubblica a Sassari, la sua città. Vi andò ovviamente in aereo, che era la sua grande passione, gli dava forti emozioni e nessuna paura. Racconta Montanelli: "Una volta viaggiai con Segni in un aereo diretto ad Alghero. Non lo avvicinai. Faceva brutto tempo, l'apparecchio ballava maledettamente. Seduto due posti davanti a me, Segni trascorse tutto il tempo a riempire di una scrittura fitta e fine una quantità inverosimile di cartelle, senza mai alzare gli occhi a vedere cosa succedeva di fuori, dove succedeva un finimondo di lampi, tuoni, grandine e bordate di vento. Lui, quell'omino di porcellana, non aveva paura e non soffriva di nulla".

All'arrivo in casa a Sassari, fu accolto da una vecchia governante, la zia Paolina, al grido di "Li abbiamo fregati tutti", accompagnato dal gesto dell'ombrello. Segni disperato mise le candide mani nei candidi capelli e soffiò: "Zia Paolina, per carità!".

In politica estera Segni riaffermò – al contrario di Gronchi – il suo atlantismo. In politica interna cercò di circoscrivere, per quanto gli era possibile, i confini operativi del centrosinistra. Scoraggiò la riforma urbanistica del ministro democristiano dei Lavori pubblici, Fiorentino Sullo, che prevedeva il sostanziale esproprio di tutti i terreni edificabili e che infatti abortì anche perché – sostiene lo storico socialista Giuseppe Tamburrano – Moro aveva detto a Nenni che mai Segni avrebbe firmato una legge del genere. L'alleanza con i socialisti costò alla DC una pesante sconfitta alle elezioni politiche del '63: perse quattro punti (dal 42% al 38%), i comunisti salirono al 25%, i socialisti si stabilizzarono intorno al 14%, ma il dato politicamente più rilevante fu il raddoppio dei liberali (dal 3,5% al 7%) che succhiarono il sangue alla DC.

Il miracolo economico era ormai finito, l'arricchimento delle imprese veniva punito da pretese salariali progressivamente fuori mercato, le manifestazioni di piazza destavano qualche inquietudine. Nell'estate del

'64, la crisi dei rapporti tra democristiani e socialisti ebbe un risvolto misterioso che a quasi sessant'anni di distanza è stato archiviato senza che i sostenitori delle due tesi opposte si mettessero d'accordo: un presunto colpo di Stato ordito da Segni per mano di Giovanni de Lorenzo, diventato nel frattempo comandante generale dei carabinieri. La tesi più convincente ci sembra tuttora quella sostenuta da Paolo Mieli sul *Corriere della Sera* il 17 gennaio 2004 e che riportammo in *Storia d'Italia da Mussolini a Berlusconi*: "Il primo governo organico di centrosinistra guidato da Aldo Moro, che aveva visto la luce nel dicembre del 1963, dopo appena sei mesi di vita era già in frantumi...". I socialisti chiedevano misure più incisive, i democristiani non intendevano mollare. Segni pensava a un governo tecnico guidato da Cesare Merzagora, ancora presidente del Senato. "Il 14 luglio – e siamo all'apice della crisi – ci fu una riunione alla quale parteciparono Moro, Nenni e Saragat... La discussione fu assai aspra. Moro disse apertamente che il Presidente della Repubblica non avrebbe mai firmato una legge sull'esproprio generalizzato dei suoli edificabili. Saragat gli rispose che nel 1924 il Presidente della Repubblica francese Alexandre Millerand aveva avuto un analogo conflitto con il Parlamento e come risultato fu costretto a dimettersi. Una minaccia quasi esplicita a Segni. L'indomani (15 luglio), il capo dello

Stato convocò il generale Giovanni de Lorenzo, comandante dei carabinieri, nonché ex capo dei servizi segreti (SIFAR) e, allorché questi uscì dal Quirinale, accadde un fatto strano che lo stesso generale avrebbe raccontato così: 'Andavo spesso dal capo dello Stato e non furono mai fatti comunicati; ma quella volta il Quirinale lo fece... Non so come e perché si ritenne di farlo'. Il giorno successivo (16 luglio), accadde un fatto ancora più inusuale: un grande amico di Aldo Moro, l'avvocato Tommaso Morlino, ricevette in casa sua il generale de Lorenzo insieme al presidente del Consiglio, al segretario della DC Mariano Rumor e ai presidenti dei gruppi parlamentari del partito cattolico, Benigno Zaccagnini e Silvio Gava. Dopo questi episodi, il 17 luglio i socialisti cedettero e fu siglato l'accordo per la formazione di un nuovo governo di centrosinistra. Nuovo sì, ma con un programma annacquato. Giolitti fu estromesso dal suo ministero e Lombardi costretto a lasciare la direzione dell'*Avanti!*". Che cosa era accaduto in quei tre giorni? A fine luglio, Nenni fece scrivere dal giornale del suo partito che "se fosse stato varato un governo di emergenza affidato a personalità cosiddette eminenti" (trasparente l'allusione a Merzagora) sarebbe stato percepito dal Paese come "il governo delle destre con un contenuto fascistico-agrario-industriale nei cui confronti il ricordo del luglio '60 (governo Tambroni) sarebbe impallidito".

Il presunto golpe e la nascita del terrorismo

"I leader DC", prosegue Mieli, "dissero che quegli incontri con de Lorenzo dovevano servire, appunto, a cautelare il Paese da una riedizione dei moti antitambroniani del luglio 1960. Tre anni dopo, il giornalista Lino Jannuzzi scrisse sull'*Espresso* che in quell'estate del '64 l'Italia si era trovata sull'orlo di un colpo di Stato. La prova definitiva di questo golpe non si è mai avuta, ma i libri di Storia nel complesso hanno fatto propria la versione jannuzziana dei fatti. Io ho qualche dubbio". Fin qui Paolo Mieli. Il 14 maggio 1967, sul settimanale diretto da Eugenio Scalfari, sotto il titolo "Complotto al Quirinale", Jannuzzi aveva scritto che nei colloqui con de Lorenzo era stato ipotizzato un autentico colpo di Stato, con l'occupazione delle sedi dei partiti e il trasferimento in Sardegna di molti dirigenti politici. Segni, che si trovava nella clinica Sanatrix di Milano per un ennesimo tentativo di riabilitazione, per poco non ebbe il colpo finale. Fu inondato di messaggi di solidarietà, a cominciare da quello di Saragat, che ne aveva preso il posto al Quirinale. De Lorenzo querelò Scalfari e Jannuzzi, che il 1° marzo 1968 furono condannati rispettivamente a 17 e 16 mesi di carcere ("tesi irrimediabilmente false", dice la sentenza) e poco dopo furono eletti in Parlamento per il PSI, mentre de Lorenzo veniva eletto prima tra i monarchici e poi tra i missini. Il 15 dicembre 1970 la commissione bicamerale d'inchiesta presieduta da

Giuseppe Alessi concludeva i lavori "senza aver rilevato confidenze o indicazioni allusive al proposito eversivo, né una qualsiasi lontana prova di intese, comunque allusive, a congiure che avessero per oggetto un colpo di Stato politico-militare". Soddisfatto, de Lorenzo rimise la querela e la remissione fu accettata dai due giornalisti.

"Non fu un golpe", scrisse Scalfari, nel 1986, in *La sera andavamo in via Veneto* (Mondadori), "non ci fu nessun concreto movimento né militare né di piazza, non si produsse nessun atto specifico, nulla di nulla. Ci fu, semplicemente, un rumore di sciabole. Ma fu sufficiente a mutare il corso della politica italiana". E nel 2004, rispondendo a Mieli, Jannuzzi scrisse su *Panorama* che la successiva promozione di de Lorenzo a capo di Stato maggiore dell'Esercito era il ringraziamento della DC al generale per aver spaventato col "rumore di sciabole" il povero Nenni, costringendolo a rinunciare a certe riforme. Lo stesso anno, Andreotti mi disse, escludendo che in Italia ci siano mai stati veri timori di golpe: "La verità è che Segni non stava bene in salute, la situazione economica era traballante, il capo dello Stato si fidava molto di Colombo e condivideva la sua allarmatissima analisi". Nel maggio del '64 era finita sul *Messaggero* una nota riservata del ministro del Tesoro (Colombo) al presidente del Consiglio (Moro) in cui si temeva la bancarotta dello Stato per l'economia in picchiata, i salari in crescita e la Comunità Europea che ci avvertiva (fin da allora!) che i conti italiani mettevano in pericolo lo stesso mercato comune.

Per unanime valutazione, de Lorenzo era un eccellente ufficiale, amato dal Palazzo, ma anche dai suoi subordinati. Aveva fatto la Resistenza e questo gli valse – prima e dopo i fatti del '64 – gli apprezzamenti incondizionati di Nenni, Pertini e di altri leader della sinistra. Cossiga, anche lui estimatore del generale, mi disse che de Lorenzo era un uomo di sinistra, amicissimo di Arrigo Boldrini, capo storico dei partigiani comunisti. La sua carriera era stata un po' anomala (troppe promozioni anticipate) e c'è da sospettare che lo aiutasse la sua malsana abitudine di aprire – quando era al SIFAR – decine di migliaia di fascicoli su chiunque avesse un ruolo nella politica e nella società italiana. Andretti mi raccontò che fu Saragat, da Presidente della Repubblica, a volere de Lorenzo capo di stato maggiore dell'Esercito: lo stesso Saragat che, dopo lo scandalo del SIFAR che fece grande scalpore, ne avrebbe chiesto e ottenuto la rimozione. È anche possibile che il piano attribuito a de Lorenzo (si chiamava "Solo" forse perché avrebbero dovuto attuarlo soltanto i carabinieri) fosse in realtà uno di quelli predisposti nel dopoguerra per Gladio, l'organizzazione paramilitare di resistenza a un eventuale golpe comunista.

La verità forse sta nel mezzo. La DC temeva che la situazione economica potesse portare a disordini di piazza e voleva evitare il ripetersi di quanto accaduto con

Tambroni. Segni, un democratico a 24 carati ma in quel periodo piuttosto scosso, non si fidava della conversione democratica del PCI e temeva che il PSI avrebbe trascinato i democristiani fuori dei confini del loro moderatismo storico. Si aggiunga la disinvoltura di de Lorenzo... Probabilmente qualche intimidazione ai limiti della violazione istituzionale ci fu, ma anche due storici agli antipodi della destra come Nicola Tranfaglia e Giovanni Sabbatucci escludono l'ipotesi del tentato golpe.

C'è a questo punto da chiedersi se l'incubo golpista fu il pretesto per armare i primi nuclei di terroristi rossi. Lino Jannuzzi raccontò che avendo chiesto all'editore Giangiacomo Feltrinelli di dare un po' di soldi ai radicali di Marco Pannella, si sentì rispondere: "Pannella? I diritti civili? Ma non lo sai che questi stanno preparando il golpe e bisogna armarsi? Non l'hai scritto proprio tu?". Giovanni Sabbatucci ("Il golpe in agguato e il doppio Stato", in *Miti e storia dell'Italia unita*, Il Mulino, 1999) scrive che la psicosi del golpe legittimò per un decennio e oltre la nascita del terrorismo, ma soprattutto una diffusa indulgenza nei confronti di frange movimentiste che si davano alla lotta armata.

E Segni? Trascorse gli ultimi anni accudito dalla moglie e dai figli, prima in una villa all'Eur, poi in un condominio sulla Cassia antica. Ogni tanto lo portavano a prendere aria a Villa Borghese. Morì il 1° dicembre del 1972.

Laura Segni, baciata solo sull'altare

Se non avesse incontrato Antonio, Laura Carta sarebbe diventata probabilmente suora. Nel ritratto che ne tracciò per il settimanale *Orizzonti* il 6 gennaio 1963 ("Un angelo al Quirinale"), Giancarlo Zizola ricorda che la ragazza, quarta dei cinque figli di Giuseppino Caprino Carta, docente universitario di Sassari che aveva lasciato la cattedra per dedicarsi alle sue grandi tenute e al bestiame che vi pascolava, non ne voleva sapere di sposarsi. Ma il padre desiderava una moltitudine di nipoti e l'idea che lei potesse non averne lo faceva disperare. Così, tentò un approccio con Antonio Segni, rampollo di un'altra eminente famiglia sassarese alla quale era legato da amicizia di lunga data.

Non fece molta fatica perché il giovane Segni aveva notato Laura e, quel che più conta, lei aveva notato lui. Antonio le scrisse una lettera al giorno (l'avrebbe fatto per anni) e, mentre andava a imbucarle, passava davanti alla casa di Laura che, conoscendo l'ora e lo scopo di quella passeggiata, si faceva trovare sorridente alla finestra. È inutile precisare che tutto questo avveniva senza che i due si fossero mai parlati. Gli sguardi di cui abbiamo appena detto vanno aggiunti a quelli che la coppia si scambiava da lontano a messa. Finalmente, un giorno, Antonio si fece coraggio e all'uscita della chiesa fermò Laura per donarle un'immagine della Sacra Famiglia e un ramoscello di gelsomino. "Mi innamorai per le sue lettere", confessò Laura più tardi, "mi piacevano molto le sue mani. Le aveva delicate, nervose, belle, da pianista". I due si fidanzarono così, senza nemmeno un bacio. Il generale Giovanni Maria Dettori, amico d'infanzia del Presidente, un giorno gli disse: "Sai quando ho dato il primo bacio a mia moglie? In occasione del fidanzamento ufficiale". "Figurati", ribatté Segni, "io solo all'uscita della chiesa, dopo le nozze...".

Per sposarsi dovettero aspettare che finisse la Prima guerra mondiale e che Segni vincesse la cattedra universitaria a Perugia. Il matrimonio fu celebrato nel 1921 e Laura, da allora, portò sempre accanto alla fede anche l'anello di fidanzamento. Lei accettò pazientemente che lui le riempisse la casa di carte e di libri. La sera ascoltavano insieme la musica e talvolta suonavano il pianoforte a quattro mani.

Quando nel dopoguerra, diventato ministro dell'Agricoltura, Segni firmò la prima riforma agraria, la moglie gli chiese: "Che cosa succederà alle nostre terre?". Lui le rispose: "Succederà che tu e io saremo i primi a essere espropriati". Fu così che Laura dovette dare l'addio a 115 ettari, i migliori dei suoi vasti possedimenti. Per consolarla, il marito le regalò una boccetta del suo profumo preferito. I soli contrasti tra i due coniugi pubblicamente conosciuti riguardano alcune richieste di fondi per iniziative benefiche da lei promosse e soddisfatte da lui con qualche ritardo. Fu allora che donna Laura minacciò il marito, se non avesse provveduto, di ricorrere al suo più acceso avversario politico in Sardegna.

Quando la carriera politica di Antonio portò la famiglia a stabilirsi a Roma, i Segni andarono in subaffitto in via Sallustiana da un commendator Lais che viveva solo e cedette ai giovani coniugi una camera da letto e un bagno. La famiglia crebbe e Lais si strinse. Così, quando Segni fu eletto Presidente della Repubblica, lo spazio a disposizione del commendatore (ormai vecchissimo, età mai rivelata tra gli 89 e i 95 anni) era ridotto a una cameretta con bagno.

Fu lì che Lais ascoltò febbrilmente alla radio, da solo, l'esito dello scrutinio decisivo che avrebbe eletto il suo inquilino capo dello Stato.

I Segni avevano da poco finito di costruire una casa di cooperativa alla Farnesina, un quartiere residenziale di Roma Nord, ma decisero di trasferirsi subito al Quirinale. Presero alloggio nella stessa ala dove avevano abitato gli Einaudi: una spaziosa camera da letto preceduta da due vestiboli, una sala da pranzo e un grande studio, diviso in tre vani, detto "Sala delle Colonne". I nipotini quando videro per la prima volta i giardini del Quirinale pensarono di essere entrati, come Alice, nel Paese delle Meraviglie.

Per donna Laura, che aveva seguito con devozione la carriera politica del marito (aspettandolo alzata ogni sera fino a ore impossibili), l'arrivo al Quirinale fu il coronamento di una vita. "Attorno a lei si respira un'aria che sa di violette e di crinoline, di lumi e petrolio e di ninnananne" riferì Carlo Laurenzi sul *Corriere della Sera*.

Diventata "prima signora della Repubblica", seppe vestire sempre in modo adeguato al suo ruolo. Quando la lettrice di un giornale cattolico la criticò per eccessivo sfoggio di eleganza, lo stesso *Osservatore della Domenica* si scomodò a prenderne le difese con una sottile risposta: "Gli angeli non usano collane solo perché non hanno il collo cui appenderle; ma se l'avessero e vivessero a corte, si adatterebbero alla dignità propria del loro stato". Eravamo, d'altra parte, negli anni del boom economico. E anche l'abbigliamento ne risentiva. Perché dunque la moglie del capo dello Stato non avrebbe dovuto adattarsi ai tempi?

I Segni ebbero l'onore di ricevere a Roma i Kennedy solo pochi mesi prima della tragedia di Dallas.

È chiaro che nessuno avrebbe mai potuto competere con la *first lady* per eccellenza, Jacqueline, ma donna Laura seppe distinguersi.

L'Italia grazie alla Tv impazzì per la presenza della coppia più glamour e potente del mondo, e i Kennedy furono entusiasti per l'accoglienza ricevuta. Tenerissima fu la stessa Jackie a inviare alla signora Segni una foto "storica" che vede J.F.K., suo fratello Ted e la piccola Caroline che, nel mare di Hyannis Port, la località turistica del Massachusetts dove sorgeva il *compound* della famiglia, varano il modello di barca a vela regalato a John John, assente nella foto, dal presidente Segni.

Ma il loro rapporto non si concluse lì. Durante una visita di Segni al Presidente Lyndon B. Johnson, Laura Segni, il 14 gennaio del 1964, troverà opportuno e generoso raggiungere Jacqueline, ormai vedova, nella sua casa di Georgetown, a Washington, per un tè.

"Mio marito", disse quando approdò al Quirinale, "è veramente il compagno ideale per una donna che chieda al matrimonio il suo pieno compimento, cioè una comunità assoluta di intenti e di spirito. È un uomo romantico e onesto, sul quale l'ambizione politica non ha mai agito da corrosivo". Poi, improvvisa, la crisi fatale. E lei che invocava il marito spento dall'ictus: "Antonino, parlami!".

Da quando le fu chiaro che il marito si sarebbe dovuto dimettere da Presidente, donna Laura si era affrettata alla ricerca di un appartamento. Provò con la casa sull'Appia della Lollobrigida, ma poi optò per una casa riservata e funzionale all'Eur, nei pressi del Palazzo dello Sport. E restò accanto al suo Antonio con dolcezza, sino alla morte, otto anni dopo.

5
Giuseppe Saragat
Un "padreterno" al Quirinale

La "stupida innocenza" di Giovanni Leone

"Aggiungi il telegramma di Saragat" mi disse il redattore capo. Non c'era giorno di cui il Signore accendesse la luce che non fosse celebrato da un telegramma del Presidente della Repubblica. Ne aveva per tutti: i vincitori e gli sconfitti, i felici e gli infelici, le celebrità e qualche meritevole sconosciuto. Qualcuno protestò accusandolo di aggravare il disavanzo delle Poste che era già piuttosto grave. O, comunque, di non alleggerirlo con le sue "effervescenze", come dichiarò il deputato liberale Aldo Bozzi. Ma il Presidente proseguiva imperterrito nell'inondare di messaggi l'Italia e il mondo intero guadagnandosi dai napoletani l'affettuoso appellativo di "don Peppino 'o telegramma". Che le redazioni del telegiornale dovevano scrupolosamente annotare in calce a qualsiasi evento. "Firmato Saragat" diventò un modo di dire e perfino l'incipit di libri.

Giuseppe Saragat, quinto Presidente della Repubblica, fu eletto nella maniera più lenta e tortuosa tra i dodici che l'Italia ha avuto fino a oggi. Mariano Rumor, che aveva sostituito Aldo Moro come segretario della DC, puntò sul candidato unico del partito. Amintore Fanfani, sapendo che non sarebbe stato lui, propose una rosa di papabili. Si sarebbe aperta ovviamente una guerra civile, ma l'aretino immaginava di vincerla. Nel suo partito l'avrebbero votato non più di una settantina di persone, ma lui – uomo di sinistra – pensava invece di aprire una breccia a destra. Moro era l'emblema del centrosinistra? Ebbene, il 16 aprile del '63 Fanfani aveva pronunciato un discorso in cui negava la "irreversibilità" della scelta di centrosinistra.

Rumor tenne comunque la barra dritta e, il 15 dicembre, alla vigilia dell'apertura del seggio elettorale, 200 parlamentari democristiani, su un totale di 373, proposero come candidato Giovanni Leone. Avvocato di grido e professore di procedura penale all'Università di Roma, Leone era stato ininterrottamente presidente della Camera dal 1955 (dopo Gronchi) al 1963, quando s'era dimesso per una breve esperienza di presidente del Consiglio in uno di quei "governi balneari" che dovevano durare il tempo necessario a far calmare le acque in casa DC.

Il 16 dicembre, al primo scrutinio, Leone prese 319 voti. 54 democristiani non lo avevano scelto: Fanfani ebbe 18 voti, altri andarono a Mario Scelba e a Giulio Pastore, leader della sinistra DC di matrice sindacale. Il vero avversario politico di Leone era Saragat che prese 140 voti raccolti tra i socialdemocratici e i socialisti. I successivi scrutini videro i voti di Leone scendere vistosamente e risalire quando dopo tre giorni i liberali decisero di appoggiarlo. Ma intanto Fanfani quasi raggiungeva Saragat intorno ai 130 voti. Nella DC i suffragi a Scelba e Pastore mascheravano strategie non sempre comprensibili, tanto è vero che il povero Leone definì questo andazzo "un supplizio cinese perché era tutto un gioco complicato di schede bianche o dirottate su candidature di comodo perché si perdessero le tracce dei franchi tiratori".

Anche Saragat s'era scocciato e il 19 dicembre simulò il proprio ritiro. Era una finta, ma qualcuno ne approfittò per lanciargli contro la candidatura di Nenni che intanto aveva detto a Fanfani – riconvertitosi a sinistra – di scordarsi i voti socialisti. Un incontro chiarificatore tra Saragat, Nenni e La Malfa saltò e il 20 dicembre i parlamentari dei tre partiti da essi rappresentati votarono scheda bianca. Nei due giorni successivi, qualcosa si mosse. Ai voti di socialdemocratici, socialisti e repubblicani si aggiunsero quelli dei comunisti, guidati da Luigi Longo, visto che Palmiro Togliatti s'era spento il 21 agosto a Jalta, in Crimea. A disinnescare Fanfani provvide ancora una volta Montini che – promosso al papato – gli spedì il potentissimo sostituto della Segreteria di Stato, Angelo Dell'Acqua. Il "Rieccolo" – come lo chiamava Montanelli – scrisse la sua rinuncia su un foglietto che lesse al telefono a Leone.

Lui rinunciava, ma i suoi non fecero confluire i loro voti sul candidato ufficiale del partito. Le schede bianche infatti si moltiplicarono. Quando raggiunsero il numero di 120, il 23 dicembre, Leone voleva abbandonare. Lo scongiurarono di aspettare ancora ma il 24, vigilia del Santo Natale, le bianche arrivarono a 154 e lui non volle più saperne. "Ci sono andato con la più stupida innocenza" avrebbe raccontato a Vittorio Gorresio che scrisse: "Così come Saturno faceva dei suoi figli, la DC si era mangiato – dopo Sforza nel 1948 e Merzagora nel 1955 – un altro suo candidato – ufficialmente unico – alla presidenza della Repubblica" (*Il sesto Presidente*, Rizzoli, 1972).

Saragat eletto con i voti del PCI

Per la prima (e finora unica) volta nella storia delle elezioni presidenziali, si votò la sera di Natale. Si sa da sempre quanto i parlamentari siano scrupolosi nel santificare le feste e nel godersi le ferie: non c'è provvedimento urgente e soprattutto legge di bilancio (ultimo caso il 2020) che non siano stati votati in tempo utile per celebrare a casa i giorni solenni.

Fu così che per le feste di Natale del 1964 le mogli degli onorevoli lasciarono la provincia per raggiungere i loro legittimi sposi nella Capitale, con grande fuga delle fidanzate romane. La sera del 25 dicembre, le tribune del pubblico erano gremite e gli spettatori godettero di uno spettacolo poco edificante. Indisciplinate quando si trattò di votare Leone, le truppe DC furono schierate come una falange macedone quando decisero di lasciare bianca la scheda. La decisione ovviamente era nota e, quando i parlamentari democristiani passarono davanti all'urna, qualche oppositore si scatenò. Un deputato socialproletario (nel gennaio di quell'anno il PSIUP s'era scisso dal PSI), Adelio Albarello, appoggiato allo scrittoio del suo banco gridò a ogni malcapitato: "Vergognatevi!". Fu la volta di Aldo Moro e ad Albarello si affiancò una truppa cospicua di monarchici e di missini che vennero alle mani, non si sa perché, con un deputato comunista di Catania costringendo i commessi a formare un cordone di sbarramento.

Il progresso aveva dotato gli italiani di radioline tascabili e quando fu trasmessa la notizia che anche il sedicesimo scrutinio era andato a vuoto, dalla folla in attesa fuori da Montecitorio si levò un coro di "Buffoni!" accompagnato da un concerto di clacson visto che allora piazza Colonna era un enorme parcheggio. Poiché le *fake news* erano state inventate da tempo, la gente si eccitò all'annuncio – ovviamente falso – che per ogni giorno di permanenza nell'aula di Montecitorio ai parlamentari sarebbero state corrisposte cinquantamila lire in più sullo stipendio.

Nella notte tra Natale e Santo Stefano, l'80% dei gruppi parlamentari democristiani si riunirono vicino via Nazionale nell'auditorium della Confederazione italiana dei dirigenti d'azienda. I fanfaniani riproposero il loro candidato, ma furono respinti al grido di "Nessun premio alla dissidenza". Caddero le proposte di scegliere nuovi candidati perché nessuno era sicuro della lealtà dell'altro e allora fu approvato a maggioranza dei due terzi un ordine del giorno in cui i democristiani si impegnavano a votare un uomo che "per sicura fede democratica e alto senso dello Stato fondato sulle libere istituzioni della Repubblica raccogliesse le più larghe adesioni della parte democratica del Parlamento". Votarono contro gli amici di Fanfani e di Scelba. Lo scelbiano Oscar Luigi Scalfaro, illuminato dal Signore in cui aveva una notissima grande fede, esclamò: "Ho capito tutto! Questa sera siamo stati chiamati a votare per Giuseppe Saragat!".

Saragat però aveva ancora le sue grane. Nenni sapeva che lui non ce l'avrebbe fatta, ma non voleva rompere con i comunisti (coi quali governava in parecchi comuni) che intanto avevano respinto la richiesta di Rumor di votare Leone. Se si doveva fare una "coalizione democratica", cioè chiusa a monarchici e missini, ci si poteva dimenticare dei liberali – ripiegati dopo il fallimento di Leone sul loro presidente Gaetano Martino – ma non del PCI. Il pomeriggio di Santo Stefano Saragat schizzò a 311 voti, ma Nenni stava sempre più in alto, a 380. Due vecchi compagni di idee, due esuli del Fascismo, si trovavano l'uno contro l'altro per le alchimie parlamentari.

Saragat mandò allora il fedelissimo Mario Tanassi come ambasciatore al PCI. Luigi Longo, Umberto Terracini e Pietro Ingrao gli dissero che erano pronti a votare il segretario del PSDI, ma i loro voti dovevano essere richiesti esplicitamente. Questo mise in subbuglio i democristiani, aizzati da Scelba per il quale la parola "comunista" era un drappo rosso sventolatogli davanti agli occhi. Tutto saltò di nuovo e fu allora che Saragat decise di andare personalmente da Nenni. "Dirò di continuare a votarmi fino a quando non ci saranno le condizioni per il tuo successo", gli disse il vecchio capo socialista, "però con i democristiani e i comunisti veditela tu". I due compagni si abbracciarono e scrissero ciascuno una lettera per favorire sostanzialmente Saragat, che nella sua auspicò una convergenza sul proprio nome di "tutti i gruppi democratici e antifascisti".

Tanassi scrisse a Longo: "Vedi? Non c'è discriminazione nei vostri confronti, perciò votatelo". Non era una richiesta esplicita, ma il PCI si accontentò. Così, finalmente, lunedì 28 dicembre, al ventunesimo scrutinio Saragat diventò il quinto Presidente della Repubblica. Ebbe 646 voti. La maggioranza assoluta ne richiedeva 482, perciò i 220 voti comunisti risultarono determinanti. Il liberale Gaetano Martino prese 56 voti, il missino Augusto De Marsanich 40. I nemici interni di Saragat dettero 7 voti al giurista socialdemocratico Paolo Rossi. 150 democristiani irriducibili votarono scheda bianca. *L'Espresso* poteva titolare a tutta pagina: "Un socialista al Quirinale".

Dall'esilio alla scissione di palazzo Barberini

Saragat era nato a Torino nel 1898 da un avvocato e dalla figlia di un pasticcere molto conosciuto. Diplomato in ragioneria, combatté sul Carso da tenente di artiglieria nella Prima guerra mondiale, e guadagnò una medaglia al valore. Al ritorno, si diplomò in economia e commercio impiegandosi come contabile nella Banca Commerciale. A 24 anni s'iscrisse al PSU di Giacomo Matteotti e Filippo Turati che erano stati cacciati dal Partito Socialista dominato dai massimalisti filosovietici. Dopo l'assassinio di Matteotti, il giovane Saragat salì nella prima linea del partito che fu sciolto nel '25 dopo il fallito attentato a Mussolini di Tito Zaniboni che ne faceva parte. Le leggi "fascistissime" del '26 lo costrinsero a un esilio duro e penoso durato per l'intero regime. Prima la Svizzera, poi l'Austria dove gli austromarxisti cercavano di sposare marxismo e riformismo. Poi la Francia, dove si arrangiava con lavoretti da contabile in alcune cooperative operaie e collaborava, talvolta gratis, a piccoli giornali. Tra queste cooperative ce n'era una che commerciava in vino. E visto che Saragat, come vedremo, era tutt'altro che astemio, almeno il bicchiere nella sua modestissima casa era sempre pieno.

Subito dopo la caduta di Mussolini, rientrò in Italia alla frontiera di Bardonecchia. Liberato grazie all'intervento di Bruno Buozzi – il grande sindacalista della CGIL che sarebbe stato ammazzato dai nazisti nel '44 – si batté per l'unità socialista e l'accordo operativo con i comunisti. Dopo l'8 settembre, fu arrestato con Pertini; liberato dai partigiani, che mostrarono documenti falsi, trovò rifugio in Vaticano insieme con Nenni, De Gasperi, Bonomi e altri. Dopo la Liberazione fu ambasciatore in Francia in un clima politico gelido: dimentichi di essere stati servi di Hitler a Vichy, i francesi trattavano l'Italia dall'alto in basso. Giusto se l'avessero fatto con una personalità compromessa col Fascismo (e in giro non ne mancavano), ma con Saragat che era stato in esilio proprio da loro…

Fu poi presidente dell'Assemblea costituente. Il dopoguerra mise il riformismo socialista in grande difficoltà. Come ricordano Mammarella e Cacace, nel libro già citato, Saragat sostenne che il passaggio da una dittatura borghese a una dittatura del proletariato può essere inevitabile in una prospettiva storica. Ma stare attaccati a un PCI satellite di Mosca era sempre più difficile (in alcune città, comunisti e socialisti erano fusi in un "blocco del popolo"). Arrivò così l'inevitabile scissione: il 9 gennaio si aprì nell'aula magna dell'Università di Roma il congresso nazionale di quello che allora si chiamava PSIUP. Fallita la mediazione di Pertini, l'11 gennaio Saragat pronunciò il suo ultimo discorso nel partito unitario, lasciò l'aula con i suoi e nel pomeriggio, a palazzo Barberini, fondò il Partito Socialista dei Lavoratori Italiani (PSLI). Simbolo della scissione furono gli inni cantati dai due partiti: mentre i socialisti di Nenni intonavano *Bandiera rossa*, da palazzo Barberini si rispondeva con l'*Internazionale*.

Il viaggio di De Gasperi negli Stati Uniti nel '47 separò definitivamente le strade dei moderati da quelle della sinistra. Ma Saragat intelligentemente non entrò nell'ultimo governo che vide insieme DC, PSI e PCI. Aspettò che un monocolore DC facesse da spartiacque ed entrò alla fine del '47 nel primo governo quadripartito con democristiani, repubblicani e liberali.

Nell'estate anche Saragat aveva fatto il suo viaggio in America: ne era tornato con un prestito di 150mila dollari decisivo per le finanze del giovanissimo partito e dopo aver stretto eccellenti rapporti con il segretario di Stato George C. Marshall e il suo dipartimento, che gli sarebbero tornati molto utili da ministro degli Esteri.

Le elezioni del '48 ribaltarono i rapporti di forza tra i socialisti di Nenni e i comunisti di Togliatti. Il PCI diventò il partito egemone della sinistra, e il cattivo risultato per il PSLI alle elezioni del '53 (poco sopra il 4%) dimostrò che la DC sarebbe stata inarrivabile nello schieramento centrista.

Saragat capì la drammatica crisi italiana?

Nenni e Saragat ripresero ad annusarsi e il 25 agosto del '56 nell'Hôtel du Glacier a Pralognan-la-Vanoise, nell'Alta Savoia, per cinque ore consecutive discussero della riunificazione socialista (i rapporti di Nenni col PCI si erano raffreddati dopo la pubblicazione del rapporto Kruscev al ventunesimo congresso del PCUS sui crimini dello Stalinismo). Per riunire i due partiti "fratelli" sarebbero occorsi ancora dieci anni, ma intanto Saragat fu il pronubo dei primi governi di centrosinistra: nel '62 con l'appoggio esterno del PSI al governo Fanfani e alla fine del '63 con l'ingresso dei socialisti nel governo Moro.

Nel '64 la rinuncia di Nenni in suo favore come successore di Segni al Quirinale rinsaldò il rapporto in via definitiva.

Nel '63 Saragat accese la miccia che fece esplodere il caso Ippolito. Felice Ippolito, geologo e ingegnere napoletano, è stato il pioniere delle ricerche nucleari in Italia, dal 1952 Segretario generale del Comitato Nazionale per le Ricerche Nucleari, divenuto poi, nel 1960, Comitato Nazionale per l'Energia Nucleare (CNEN). Politicamente era un liberale di sinistra e nel '55 era stato socio fondatore del Partito Radicale. Professionalmente era un uomo solo al comando, un accentratore di cattivo carattere, ma aveva portato le ricerche italiane sul nucleare a un livello molto avanzato. Cosa che dava molto fastidio all'industria petrolifera. Il fatto che il nucleare dovesse andare sotto la gestione ENEL – della cui nazionalizzazione Ippolito era stato un fervente sostenitore – aveva inoltre indispettito la Edison che di quella decisione aveva fatto le spese. Fatto sta che nel '63 Saragat diresse a Ippolito attacchi personali di inconsueta durezza. L'ingegnere finì sotto processo con una gragnola di accuse che alla gravità degli addebiti (peculato, falso, interessi privati in atto d'ufficio) affiancavano spesso prove modeste: uso privato dell'auto di servizio, regalie di valigette in finta pelle nel servizio stampa... Una condanna paradossale (undici anni di carcere) fece immaginare che – al di là delle responsabilità di Ippolito – tutta la macchinazione fosse stata architettata per tagliare le gambe al nucleare italiano, con pesantissime conseguenze per lo sviluppo del Paese. Saragat ne fu il protagonista. Uomo caratterizzatosi sempre per la modestia dello stile di vita, fu lo strumento di una battaglia sbagliata. Tanto è vero che due anni dopo essere arrivato al Quirinale, fece uscire dal carcere Ippolito concedendogli la grazia.

Prima che a Ippolito, Saragat dette la grazia a Francesco Moranino, un comandante partigiano comunista, poi deputato del PCI, condannato all'ergastolo per l'assassinio (efferato) di cinque partigiani che lavoravano per gli americani e di due loro compagne. Fuggito in Cecoslovacchia (dove diresse Radio Praga), rientrò dopo la grazia di Saragat. A destra (e non solo) si disse che il nuovo Presidente si era disobbligato per i voti ricevuti dal PCI.

Dopo l'elezione, viaggiò molto in Italia e all'estero. La prima trasferta avvenne negli Stati Uniti. Dopo la declassificazione dei documenti americani riservati, Ennio Caretto scrisse nel 2004 sul *Corriere della Sera* che, parlando con Nixon, Saragat definì "agente sovietico" il segretario del PCI, Luigi Longo, e parlò di Paolo VI come di una persona perbene che "non capisce molto di politica [di cui invece Montini era un raffinatissimo interprete, *nda*]. Bisognerebbe dirgli che se vincesse il comunismo, finirebbe in esilio o diverrebbe come il metropolita Alexei in URSS. Annullò invece nel '68 un viaggio in Russia definito "Paese aggressore" dopo l'ingresso delle truppe sovietiche in Cecoslovacchia.

In politica interna favorì con energia la riunificazione tra socialisti e socialdemocratici dieci anni dopo l'incontro di Pralognan. Andò male. Alle elezioni politiche del 1968, il Partito Socialista Unificato (PSU) prese il 14,5% dei voti contro quasi il 20% che i due partiti, separati, avevano ottenuto cinque anni prima. La fatale, seconda scissione avvenne poco dopo.

Saragat fu Presidente in un periodo per l'Italia difficile e in alcuni momenti drammatico. La crisi sociale determinata dalle aspettative della classe operaia memore del "miracolo", ma non più consentite dalla situazione economica, fu squarciata dai primi lampi del terrorismo con la strage di piazza Fontana. Alcuni critici ritengono che Saragat non sia stato all'altezza della situazione: "Il limite del suo settennato", scrivono Mammarella e Cacace, "è di non comprendere appieno le grandi e convulse trasformazioni politico-sociali che il Paese attraversa. Saragat è sbalordito, incapace di coglierne il significato, le sue reazioni sono affidate a telegrammi e a messaggi sovente ampollosi e scontati, su cui non mancheranno critiche e ironie".

"Scambiò se stesso per il padreterno..."

Saragat fu in realtà il contrario di un mediocre. La sua formazione politica e soprattutto culturale lo metteva una spanna sopra gli altri. Leggeva in francese i classici francesi e in tedesco i tedeschi, Goethe, innanzitutto, di cui conosceva alcuni scritti a memoria e di cui saccheggiava citazioni per ogni circostanza. "È un uomo di statura intellettuale europea", dice Montanelli, che ne ammirava la coerenza e il disinteresse per le cariche, tranne che per quella suprema, "ma un dialogo con Saragat non era mai altro che un monologo di Saragat". Non possiamo dire che disprezzasse i suoi compagni di partito. Ma volava così alto che ne perdeva le dimensioni: "Forte di aver inventato lui il suo partito", dice ancora Montanelli, "e di schiacciare con la sua personalità quella di tutti gli altri, se ne curava poco. Salvo per le grandi decisioni esclusivamente sue, vi andava di rado e solo per fare grandi sgridate che lasciavano le cose come prima, cioè in mano a dei mediocri uomini d'apparato pronti anche a barattare le idee con gli affari, come è avvenuto dopo il suo ritiro". Il suo carattere allontanò uomini del livello di Piero Calamandrei ("Non posso militare in un partito in cui parla un uomo solo") e di Pietro Bucalossi, aggredito per aver osato una volta dargli torto. Diceva Lelio Basso, socialista eminente: "Ha sempre scambiato se stesso per il padreterno". Quando Andreotti andò a trovarlo per chiedergli come si sarebbe comportato dinanzi a un ministero Tambroni, Saragat si allontanò dalla stanza con un pretesto e non ricomparve più, piantando in asso l'ospite. E a Tambroni che gli telefonava appena nominato, rispose: "Ti chiamo la donna di servizio. Puoi parlare con lei...".

Trascorse il primo anno da Presidente al Quirinale, dove traslocò con la figlia Ernestina Santacatterina (diventata *first lady* per la vedovanza del padre), il genero, i nipotini. Si trasferì successivamente nella tenuta di Castelporziano, in una Villa delle Ginestre fatta costruire da Luigi Einaudi e sopraelevata da Giovanni Gronchi. Sveglia alle 6.30, sobria prima colazione, lettura sistematica dei giornali. Alle otto e mezzo la Flaminia presidenziale con una sola auto di scorta lo accompagnava al Quirinale, distante una ventina di chilometri. Prima delle 13 era rigorosamente a tavola, dove non mancava mai un buon vino, soprattutto piemontese. La passione enologica di Saragat, di derivazione francese, diventò fonte di infinite battute. Alza Barbera. Cicchetto d'onore. Bianco Rosatello e Verdicchio. Guido Quaranta racconta che una volta alcuni amici (a pranzo ne riceveva sempre qualcuno) gli fecero uno scherzo tremendo: gli versarono in un bicchiere fondi di vini diversi e Saragat sentenziò: "Un po' forte, ma ottima annata". Gli piacevano anche i superalcolici. Una volta, durante una navigazione, tracannò due whisky. Il comandante della nave, per compiacerlo, lo imitò. Ma era astemio e stramazzò sulla tolda. (A metà degli anni Settanta Saragat venne al Tg1 con Ugo La Malfa per un'intervista. Prima di introdurli nello studio del direttore Emilio Rossi feci salire dal bar alcune bottiglie. Ma quando chiesi a Saragat che cosa preferisse, mi rispose secco: "Grazie, non bevo…"). D'altra parte, si vuole che i custodi che accompagnavano i turisti in visita al Quirinale dicessero: "Qui è stato il Presidente dell'Italia che mangiava bene e beveva meglio…".

Per dare un segnale di cambiamento, appena arrivato al Quirinale Saragat allargò a operai e contadini il tradizionale ricevimento del 2 giugno per la festa della Repubblica. Guido Quaranta, grande segugio parlamentare, racconta che la massa proletaria fu accolta con sufficienza da altoborghesi e generali. E quando ci si accorse che nell'inventario serale mancavano ben 800 cucchiaini d'argento e 700 tovagliolini bordati di pizzo, si pensò ovviamente al furto dei poveri. Si scoprì invece che le gran signore ritenevano i cucchiaini un gentile souvenir della Repubblica e il trafugamento dei tovagliolini fu spiegato con l'irresistibile tentazione di portarsi a casa un piccolo capo con lo stemma dei Savoia.

Quando nel '68 ci fu il disastroso terremoto del Belice, in Sicilia, Saragat si offrì di ospitare al Quirinale sedici famiglie di sfollati. Decisione generosa, ma incauta, visto che ci vollero decenni per farli tornare in Sicilia. Affrontò sei crisi di governo, ricevette undici capi di Stato e andò a trovarne dodici. Dopo il Concilio Vaticano II ricevette una sessantina di cardinali. Nemmeno un Presidente democristiano avrebbe fatto di meglio.

Uscito dal Quirinale tornò alla lotta politica nel suo partito, di cui per un breve periodo fu di nuovo segretario. Il carattere era sempre lo stesso, ma i suoi progressivamente gli dettero meno retta. Se ne andò nell'88 a novant'anni. Cattolico praticante, ebbe un funerale religioso.

Tina Saragat, silenziosa eleganza

Durante le feste di Natale del 1964, Giuseppe Saragat arrivò al Quirinale da vedovo. Sua moglie, Giuseppina Bollani, operaia tessile conosciuta in un circolo di appassionati della montagna, era morta il 14 gennaio del 1961. La loro vita insieme era stata tutta in salita, grandi sacrifici e grandi soddisfazioni.

Non avrebbe mai immaginato Giuseppina di ritrovarsi moglie dell'ambasciatore italiano a Parigi e quando la famiglia si trasferì nella fastosa sede di rue de Varenne, il suo primo pensiero fu di andare a visitare le *banlieau* dove aveva vissuto parecchi anni prima.

Nel 1946 al rientro a Roma, quando Saragat fu eletto presidente dell'Assemblea costituente, il commissariato alloggi trovò loro un ampio appartamento sul lungotevere Flaminio. Vuoto però e quanto sarebbe costato ammobiliarlo!

Furono degli amici a prestare loro il necessario: Giuseppina non trovò un mobiliere che accettasse di rateizzare. "Evidentemente non c'è nessuno disposto a fidarsi di questo governo..." commentava divertita.

I loro due figli erano cresciuti. Giovanni, laureatosi a Oxford, aveva intrapreso la carriera diplomatica. Ernestina, detta Tina, aveva appena sposato il medico dentista Santacatterina. Giuseppina continuava la vita di sempre: sosteneva il marito da brava moglie e donna di casa e ne aspettava una tutta loro grazie alla cooperativa dei parlamentari all'Eur. Ma non fece in tempo a godersela, fu stroncata da un attacco cardiaco.

Giuseppe Saragat saliva dunque al Colle da solo, ma non erano più i tempi di De Nicola. Gli incarichi di rappresentanza da parte delle "consorti" avevano assunto un loro peso. Qualcuno suggerì che Saragat avrebbe potuto affidarli a Giuliana Merzagora, moglie di Cesare, presidente del Senato. Per il Presidente tale soluzione era impensabile.

Saragat al Palazzo aveva preso un appartamento alla Manica Lunga, con la figlia, il genero e i nipotini: quattro camere da letto, una sala da pranzo, un salotto-studio, una stanza da gioco per i bambini e i servizi.

Ci vissero solo un anno: era tutto troppo fastoso e chiuso. E poi, mentre il nipote Augusto alla vista dei corazzieri si entusiasmava, la nipotina Scina ne era terrorizzata.

Scrive Guido Quaranta in *Ritratto di presidenti con signora*: "Nei primi tempi la *first lady* (Ernestina

Santacatterina Saragat) scendeva a fare la spesa nel mercatino dietro Fontana di Trevi: dopo un po' fu costretta a smettere perché i postulanti, appostati tra i banchi, le infilavano nella borsa della verdura suppliche, domande di grazia, richieste di aiuto".

Via, si va tutti nella tenuta di Castelporziano. Li aspettava la Villa delle Ginestre. Alla figlia Saragat dedicava un affetto totale, ricambiato con grande solidarietà e con un senso della misura encomiabile. Tina non ha mai avuto eccessi né intolleranze; padròna di casa discreta e guardinga, ha potuto proteggere la sua vita privata e familiare, affiancando il padre quando era necessario, ma senza farsi prendere dalla smania del comando o della interferenza.

In questa fedeltà al suo ruolo di prima Figlia che non aspirava a diventare la prima Signora del Quirinale, la signora Tina esercitava una vigilanza amorevole e discreta nei confronti del padre, cercando soprattutto di controllare le sue esuberanze eno-gastronomiche.

Donna alta, bruna, dal portamento aristocratico, conosceva quattro lingue, se la cavò benissimo al fianco del padre Presidente. Disinvolta e intelligente, i settimanali la battezzarono subito "la prima figlia della Repubblica" e la coprirono di lodi, cambiando registro rispetto ad alcune precedenti *first ladies*.

Portava tailleur di lana a quadri che non ne ingenti-
livano la figura e nelle serate eleganti non sfoggiava
abiti firmati.

A Castelporziano era diventata amica della moglie del direttore della tenuta, Annamaria Costan-
tini Scala, una friulana allegra ed espansiva, esperta
di ikebana e grande sportiva. Invece, con la moglie
del Segretario generale, la baronessa Picella, aveva
un rapporto cordiale ma formale. La baronessa, una
donna vivace e sempre presa da nuove iniziative, re-
gnava sull'altra ala del Palazzo, in via della Dataria e
negli uffici. Alla distribuzione dei doni della Befana,
nel grande Salone dei corazzieri, le due signore facevano coppia e contrasto: la figlia del Presidente con
un sorriso riservato e l'aria precocemente matrona-
le; la moglie del Segretario generale bionda, magra e
scattante, affabile, ma contegnosa.

Irene Brin, brillantissima giornalista dell'epoca, su
La Settimana Incom Illustrata scrisse di lei: "Le signore Einaudi, Gronchi, Segni interpretarono l'Italia del
dopoguerra, del boom, della congiuntura e cioè furono econome, ragionevoli, invisibili, benefiche. Oggi
il nostro Paese soffre di parecchie, profonde crisi e
ce ne sono alcune, come quella della moda, che lei
sola risolverebbe nello spazio di pochi mesi. Donna
Ernestina Saragat Santacatterina può serenamente
entrare sotto la grande luce dei riflettori senza dover

nemmeno mutare pettinatura, basta che si consideri per sette anni la nostra interprete del lusso, la nostra protagonista su scala nazionale. I suoi doveri di moglie e madre non ci sembrano incompatibili con quelli di *first lady*".

6
Giovanni Leone
Luna di miele, crisi, trauma

La calunnia, le dimissioni

"Nel momento in cui mi accingo a firmare l'atto di dimissioni dalla carica di Presidente della Repubblica, sento il dovere di rivolgermi direttamente a voi, cittadini italiani...".

Ancora due parole e poi Giovanni Leone, pallidissimo, si interruppe. Erano passate da poco le 19 del 15 giugno 1978. Andrea Ruggeri e Claudio Speranza, i due cameramen della Rai incaricati di registrare il messaggio, avevano chiesto di spegnere il condizionatore dello studio presidenziale: il leggero ronzio disturbava il sonoro. Intabarrato nell'abito scuro, distrutto dalla campagna diffamatoria giunta al drammatico epilogo, emozionato per l'atto solenne delle dimissioni che stava annunciando agli italiani, Leone non ce la fece a proseguire. Suo figlio Giancarlo pregò tutti di uscire, poi accompagnò il padre alla finestra. L'aria umida della sera rinfrancò il professore e, pochi minuti dopo, Claudio Angelini, il giornalista della Rai accreditato presso il Quirinale, diede il via libera all'invio della cassetta in via Teulada, da dove il breve messaggio sarebbe stato trasmesso a reti unificate alle 20.10.

Leone assistette al programma con la moglie Vittoria, Giancarlo e l'amica americana Olga Pryor. Alle 22, sotto un cielo gonfio di pioggia, lasciò per sempre il Quirinale, diretto a Le Rughe, la sua residenza privata a nord di Roma. Salutando il custode al portone, disse: "Finalmente sono un uomo libero".

Sulla via del Quirinale l'aspettava un solo fotografo.

Dopo cinque anni di presidenza serena e autorevole, nel 1976 Leone era finito nel tritacarne delle campagne giornalistiche. Nel febbraio di quell'anno *L'Espresso* aveva parlato di rapporti poco trasparenti tra il Presidente della Repubblica e il suo vecchio amico e collega d'università Antonio Lefebvre d'Ovidio di Balsorano di Clunières, a proposito di certi affari con l'Arabia Saudita. Di lì a poco scoppiò lo scandalo Lockheed, dal nome dell'azienda aeronautica americana che, per vendere i suoi apparecchi, aveva distribuito tangenti a mezzo mondo. In Italia, il personaggio chiave della vicenda veniva indicato con il nome in codice di "Antelope Cobbler" e tutti erano convinti che si trattasse di una personalità che era stata alla guida del governo. I primi sospetti caddero su Andreotti, Moro, Rumor e Leone.

Andreotti, come vedremo, aveva appena stabilito un patto di governo con i comunisti, e questa circostanza lo aiutò a chiarire in fretta la faccenda. "C'era un giornalista americano che affermava che io fossi Antelope Cobbler" mi raccontò il senatore nel 2004 per la mia *Storia d'Italia da Mussolini a Berlusconi*. "Allora di queste accuse si parlava nella commissione parlamentare inquirente, e Pajetta fu molto bravo a convocare subito questo giornalista, il quale, dinanzi alla commissione, confessò che aveva fatto il mio nome perché era l'unico che conosceva. Seppi poi che la storia era venuta fuori a New York, durante una conversazione in casa del giornalista Lucio Manisco» in quel periodo corrispondente del *Messaggero* e poi deputato di Rifondazione Comunista.

Caduti anche i sospetti su Moro, fu inquisito Rumor, che poi venne prosciolto (per un solo voto) dalla commissione inquirente. Finirono invece a giudizio dinanzi alla Corte costituzionale due ex ministri della Difesa, il democristiano Luigi Gui e il socialdemocratico Mario Tanassi, che il 3 marzo 1977 furono difesi in Parlamento, con due memorabili discorsi, il primo da Moro ("Non ci lasceremo processare") e il secondo da Saragat. Gui non evitò il rinvio a giudizio dinanzi all'Alta Corte, ma poi fu assolto; Tanassi invece, condannato a due anni e quattro mesi, finì in carcere. Con lui furono condannati i fratelli Ovidio e Antonio Lefebvre, il generale dell'aeronautica Duilio Fanali e l'imprenditore Camillo Crociani.

Leone sembrava escluso dalla faccenda, nonostante la campagna diffamatoria scatenata dall'*Espresso* e dal settimanale *Tempo* (che fu denunciato per vilipendio al capo delle Stato e sequestrato) e una denuncia dei radicali e del demoproletario Mimmo Pinto, che fu archiviata nell'aprile 1977 dalla commissione inquirente con 19 voti favorevoli su 20. In autunno, tuttavia, *L'Espresso* rilanciò l'offensiva, che avrebbe portato alle dimissioni del Presidente. Agli articoli del settimanale si aggiunse un libro durissimo di Camilla Cederna che prendeva di mira tutta la famiglia (*Giovanni Leone. La carriera di un presidente*, Feltrinelli, 1976).

Alcuni anni dopo, Carlo Leone – il fratello del Presidente accusato dalla giornalista di aver trafficato con le "grazie" da concedere o da negare – vinse la causa intentata alla Feltrinelli, che aveva pubblicato il libro, ottenendo un cospicuo risarcimento, oltre al sequestro e alla distruzione delle copie residue. Anche i figli del Presidente denunciarono la Cederna e, dopo alcune udienze, ottennero che lei facesse una dichiarazione, pubblicata dall'*Espresso*, in cui ammetteva che le affermazioni nei loro confronti non erano frutto di indagini dirette, ma erano state prese dai giornali e fondate su "smentite non fatte, querele non date".

Perché Andreotti informò Berlinguer?

La famiglia Leone era rimasta molto impressionata nel constatare che gran parte delle accuse contenute nel libro si rifacevano a quanto aveva scritto il giornalista Mino Pecorelli nella sua pubblicazione op. E il Quirinale non poteva né scendere a patti con Pecorelli né citarlo in giudizio.

L'unico cittadino al quale la legge non consente di querelare nessuno è il Presidente della Repubblica, protetto "dall'arma incerta" del vilipendio. Così, Leone decise di rispondere in prima persona all'*Espresso* nella prima metà del giugno 1978, quando il settimanale lo accusò ancora una volta di affari poco trasparenti in Arabia Saudita, di frode fiscale e speculazione edilizia. Il 14 giugno, quando il suo uomo-ombra Nino Valentino incontrò il vicedirettore dell'Ansa Fausto Balzanetti per concordare l'intervista presidenziale, le dimissioni del capo dello Stato erano già state chieste dal PDUP, da due indipendenti di sinistra, dal vicesegretario socialista Signorile e, infine, da Ugo La Malfa, che pure aveva sostenuto Leone al momento dell'elezione presidenziale.

Il Presidente era in preda allo sconforto: aveva deciso di rispondere con le dimissioni già ai primi attacchi, ma Moro lo aveva scongiurato di non farlo. Ora che aveva bisogno della compattezza delle maggiori forze istituzionali, Moro non c'era più e lui vedeva aprirsi crepe impreviste. "Sia io che il segretario del partito Zaccagnini", mi raccontò Andreotti, "suggerimmo a Leone di limitarsi a una dichiarazione in cui sosteneva di essere calunniato. Dopo qualche mese, alla fine del settennato, avrebbe avuto modo di prendere tutte le misure necessarie per difendersi. Valentino lo consigliò diversamente, e lui decise di concedere l'intervista all'Ansa. Ne anticipò il testo a me, a Zaccagnini e a Berlinguer, e tutti noi fummo contrari a che la cosa andasse avanti".

L'intervista di Leone all'Ansa fu bloccata la mattina del 15 giugno. Al contrario di quanto sostiene il senatore, persone vicine a Leone mi dissero che le copie inviate erano due, a Zaccagnini e Andreotti, e che sarebbe stata la segreteria di quest'ultimo a trasmetterne il testo a Berlinguer. Fatto sta che la direzione democristiana e quella comunista si riunirono contestualmente, e nessuno volle essere bruciato dall'altro nella corsa a chiedere le dimissioni del capo delle Stato. Berlinguer inviò Paolo Bufalini al Quirinale per comunicare la decisione a Leone mezz'ora prima che la notizia fosse divulgata dalle agenzie di stampa. Andreotti e Zaccagnini andarono da Leone alle 14.15. Il colloquio – di un'ora e un quarto – fu altamente drammatico, "Perché non mi avete fatto dimettere quando volevo?" chiese il presidente. Alle 16 decise di rassegnare le dimissioni. Andreotti e Zaccagnini gli concessero di parlare al Paese attraverso la televisione.

Nel 2004, Andreotti mi fornì una versione più dettagliata delle ragioni che indussero Berlinguer a chiedere le dimissioni del Presidente: "In quei giorni si era tenuto un referendum voluto dai radicali per abrogare due leggi: la legge Reale sul fermo di polizia (quarantotto ore, prima della convalida del magistrato) e quella sul finanziamento pubblico dei partiti. Sia la DC sia il PCI erano per mantenere entrambe le leggi. Il referendum, però, andò malissimo e ce la cavammo per il rotto della cuffia, soprattutto sulla seconda. Quel risultato fu un trauma per il Partito Comunista e specialmente per Berlinguer, che temette una forte perdita di popolarità nelle grandi città. Mi telefonò turbatissimo. E mentre ancora due giorni prima mi aveva comunicato che il PCI non si sarebbe associato alla campagna contro Leone, quella mattina mi disse: 'Ho mandato Bufalini al Quirinale per spiegare al Presidente che non ce l'avremmo fatta a tener duro'".

Obiettai ad Andreotti che la DC sacrificò Leone per ragioni di partito, cioè per salvare l'accordo con il PCI. "Non è così", ribatté il senatore, "Noi avremmo potuto dire che saremmo rimasti al fianco del Presidente, se avesse deciso di resistere. È vero che la Costituzione non prevede un voto di sfiducia al capo dello Stato, ma se si fosse creata in Parlamento una maggioranza favorevole alle sue dimissioni, avremmo avuto una situazione istituzionale insostenibile. Quando andammo a trovarlo, io e Zaccagnini gli spiegammo che con i soli voti democristiani non avremmo retto. Il futuro avrebbe reso giustizia a Leone: quando ha compiuto i novant'anni, Marco Pannella si è scusato pubblicamente con lui per la sua campagna diffamatoria. La famiglia ha vinto la causa contro la Cederna, ma spiace constatare che il risarcimento è stato assai più modesto degli enormi diritti d'autore maturati con il libro".

Un grande avvocato prestato alla politica

Giovanni Leone è una figura assolutamente anomala della politica italiana. Non solo perché è l'unico Presidente che abbia finora interrotto il suo mandato con dimissioni imposte dalla politica (Cossiga nel '92 fece un gesto volontario), ma anche perché non è mai stato esponente di una corrente, e pur essendo stato a lungo presidente della Camera e per due volte presidente del Consiglio, non ha mai voluto essere ministro. La sua attività parlamentare – ininterrotta dalla Costituente alla chiamata al Quirinale – è stata sempre accompagnata da una prestigiosa attività universitaria e forense.

Nato a Napoli nel 1908, figlio di un avvocato importante, Leone si laureò in giurisprudenza a 21 anni. A 25 anni prese la libera docenza in procedura penale, a 28 vinse il concorso da ordinario che da Messina lo portò a Bari, a Napoli e infine a Roma, dove ha insegnato fino al momento di salire al Quirinale. Per noi studenti, Leone era il professore ideale: parlava e scriveva i suoi manuali con una chiarezza assoluta e ci risparmiava il fastidio di cercarci un Bignami. Astutissimo, se lo scriveva da solo. Il "Leoncino", lo chiamavamo. Nella Costituente ebbe il merito di sostenere che un imputato non è colpevole fino a sentenza definitiva. Mai uomo di fazione, è stato sempre un abilissimo mediatore tra le fazioni. E pur non essendo alpinista di una cordata, ha raggiunto sempre vette di preferenze formidabili grazie al suo prestigio professionale, alla sua notorietà nell'avvocatura e nell'insegnamento, al suo parlar semplice con frequenti intercalari in dialetto che lo rendevano simpatico alla gente.

Con una abilità indiscussa, è uscito senza nemmeno un graffio dalle furibonde guerre civili democristiane e la sua correttezza come presidente della Camera è stata sempre riconosciuta anche dai suoi avversari. I due governi balneari del '63 e del '68 (durati tra i quattro e i cinque mesi) furono apprezzati perché – disse lo stesso Leone allo scrittore Piero Chiara – "per generale riconoscimento salvarono due legislature al loro inizio, e io dopo essermi dimesso ho sempre rifiutato di partecipare come ministro ai governi che si sono formati successivamente". Anche perché, come ministro, avrebbe dovuto sospendere l'attività forense…

Dopo la bruciatura del '64 di cui abbiamo riferito parlando di Saragat, Leone tornò in gioco nel '71. Ma mentre nel primo tentativo era il candidato ufficiale della DC, al turno successivo il candidato era Fanfani. "Il Rieccolo" era riuscito a farsi candidare dai gruppi parlamentari della DC, dove non tutti lo amavano. Il problema, ammesso che i democristiani fossero disciplinati come i comunisti (circostanza impossibile), è che comunque i loro voti non sarebbero stati sufficienti. Mi avrebbe raccontato trent'anni dopo Andreotti che guidava i deputati DC: "Andammo con Forlani, segretario del partito, a trovare Fanfani a Santa Marinella. 'Stavolta', gli dissi, 'i voti del nostro gruppo li avrai tutti, anche perché non ci sei tu a organizzare i franchi tiratori. Ma sappi che comunisti e socialisti non ti voteranno mai'. Fanfani si piccò: 'Tu occupati dei nostri. Al resto ci penso io'. Il 9 dicembre cominciarono le votazioni. Al primo scrutinio a Fanfani mancarono una quarantina di voti democristiani che diventarono 55 al secondo". Vittorio Gorresio, nel Transatlantico di Montecitorio, sondò i maggiorenti del PCI. E questi, all'unisono, dissero che mai avrebbero votato per Fanfani. Molto seccati per la voce, attribuita a lui, che sarebbe bastata una telefonata dell'ultimo segretario dell'ambasciata sovietica per convincerli a votarlo. Fanfani era presidente del Senato e presiedeva quindi i lavori accanto a Sandro Pertini, presidente della Camera, che leggeva le schede. Quando Pertini ne dichiarò una nulla, Fanfani aguzzò lo sguardo e purtroppo lesse: "Nano maledetto/non sarai mai eletto".

Fanfani bruciato, eletto Leone

"Mi misi al lavoro", mi raccontò Andreotti, "e a metà dicembre Fanfani ebbe 393 voti, il 94% dei nostri gruppi parlamentari. Non si poteva fare di più. Ma come avevo previsto, comunisti e socialisti non volevano saperne (me lo dissero espressamente) e anche gli altri alleati di governo votavano i loro candidati di bandiera". Essi avevano infatti subordinato il loro voto a Fanfani al raggiungimento dei 400 suffragi democristiani: traguardo difficilmente raggiungibile. "A un certo punto", prosegue Andreotti, "i socialisti dimostrarono una certa disponibilità per Moro, che avrebbe ricevuto anche i voti dei comunisti. Taviani, che nutriva pure lui qualche aspettativa, disse che se avessimo votato Moro lui avrebbe trasformato la DC ligure in un partito autonomo, come la CSU bavarese. Dopo molte discussioni decidemmo che i gruppi democristiani scegliessero un nuovo candidato in una terna composta da Leone, Rumor e Taviani. Alla fine delle votazioni, i presidenti dei gruppi bruciarono le schede". Durante i primi tredici giorni di votazioni – tra il 9 e il 21 dicembre 1971 – Francesco De Martino, candidato di socialisti e comunisti, aveva sempre preso più voti di Fanfani, ma nemmeno lui riusciva a sfondare. "La sinistra democristiana", mi disse Andreotti, "insisteva per Moro, ma quando si ritirarono sia Fanfani che Rumor, fu scelto Leone".

La sera del 21 dicembre una delegazione DC composta dal segretario Arnaldo Forlani, dai capigruppo Giulio Andreotti e Giovanni Spagnolli e dal vicepresidente della Camera, Benigno Zaccagnini (che rappresentava la sinistra morotea) andò a casa di Leone a comunicargli la notizia. Leone aveva la bronchite. Giorgio Amendola, uno dei maggiorenti del PCI amico suo fin dalla giovinezza, lo aveva sconsigliato di accettare dicendogli che né comunisti né socialisti lo avrebbero votato. Ma Leone poteva contare su socialdemocratici, repubblicani e liberali (e anche su qualche voto clandestino della destra). Non seguì, perciò, il consiglio di Amendola.

La sera di giovedì 23 dicembre, giorno di Santa Vittoria e quindi onomastico della signora Leone, il marito ricevette 503 voti, uno in meno della maggioranza assoluta richiesta. Nonostante la delusione per il colpo mancato, il professore era di buonumore. Aveva appena affittato un bellissimo appartamento in un palazzo di proprietà della Banca d'Italia a Fontanella Borghese. "Ma non spargete la voce", disse ai cronisti nella buvette di Montecitorio, "c'è chi direbbe che già stavo alloggiato bene e che non c'è bisogno di farmi trasferire al Quirinale dalla modesta abitazione di cooperativa che ho abitato finora…".

L'indomani, vigilia di Natale, Leone diventava il sesto Presidente della Repubblica con 518 voti contro i 404 di Pietro Nenni, che aveva sostituito De Martino come candidato delle sinistre e si rammaricò subito per aver perso con Leone un piacevole compagno di vacanze a Crans-sur-Sierre in Svizzera. Qualche voto missino e monarchico fu determinante perché, tra schede bianche e una dozzina di voti ad altri "confratelli", non furono pochi i franchi tiratori della DC. Ma lo stesso Leone telefonò a un amico monarchico dicendogli: "Mi raccomando, non esagerate...". Non voleva – lui che aveva celebrato con convinzione la Resistenza esaltando in un discorso il sacrificio di Dubbio Garimberti, grande penalista piemontese – essere ricordato come il Presidente scelto dalla destra estrema.

Eugenio Scalfari, deputato socialista, abbandonò l'aula per non assistere all'ovazione che avrebbe accompagnato la proclamazione di Leone. E Fanfani? "Era furioso", mi raccontò Andreotti, "si era illuso di avere i voti comunisti perché l'ambasciatore sovietico era andato a fargli gli auguri. Ma Paolo Bufalini, influente membro della direzione comunista e mio amico dalla prima giovinezza, mi aveva detto che quei voti Fanfani non li avrebbe mai avuti".

Luna di miele con qualche eccesso...

I primi anni della presidenza Leone furono una lunga luna di miele con il Paese. Vittorio Gorresio, l'autorevole e caustico sovrano dei cronisti parlamentari, si era scontrato duramente con Fanfani durante le votazioni per il

Quirinale. Eletto Leone, disse di lui su *La Stampa*: "Non è un uomo capace di esagerazioni retoriche. Non si è sentito chiamato mai a salvare la patria o la democrazia... e tanto meno si considera provvidenzialmente insostituibile". Il 26 aprile del '73, introducendo su *L'Europeo* la prima intervista accordata da Leone a un giornalista italiano, Oriana Fallaci, mai tenera con gli uomini del Palazzo, ne tracciò una vera apologia: "Mi piace perché è un brav'uomo. Almeno con lui ci è andata bene perché è un brav'uomo. Ed è intelligente. D'una intelligenza libera come un gabbiano, miracolosamente scampata alle insidie dei dogmi e del potere. Il fatto d'essere cattolico osservante non l'ha ammanettato... Il fatto d'essere stato sempre in cima alla piramide non l'ha accecato... La dote maggiore di tale intelligenza è l'equilibrio misto a un'intuizione fulminea, pressoché stregonesca".

Leone fu il primo Presidente della Repubblica a interrompere la legislatura chiamando le elezioni anticipate. Lo fece nel '72, con il consenso dell'intero arco politico, e di nuovo nel '76. Fu anche il primo ad allargare ai segretari politici dei partiti consultazioni fino ad allora riservate ai capi dei gruppi parlamentari e fu il primo a servirsi di un "mandato esplorativo" per sbrogliare le matasse più complesse prima di un incarico per palazzo Chigi. Attentissimo a non mettersi contro il suo partito, la DC, decise che mai avrebbe dato a un uomo del PCI l'incarico di formare un governo. E non si andò lontano da un'ipotesi del genere: se dopo il trionfo alle amministrative del '75, il PCI avesse ripetuto lo stesso risultato nel '76...

Al contrario di quello che avevano fatto i suoi predecessori, affidò ai presidenti del Consiglio dei sette governi che si alternarono durante la sua permanenza al Quirinale (tre Andreotti, due Rumor, due Moro) un incarico senza vincoli di mandato: potevano allearsi con chiunque avessero giudicato opportuno e possibile. Nominò soltanto un senatore a vita (Fanfani, l'eterno sconfitto nelle partite per il Quirinale) e quando scelse i giudici costituzionali di sua pertinenza, nominò grandi giuristi di area politica estranea alla propria.

Non si frenò nel rilevare alcuni difetti centrali del sistema italiano, che purtroppo sopravvivono in parte a quasi cinquant'anni di distanza. Lo fece prima in due interviste al suo amico giornalista Michele Tito (1973 al *Giorno* e 1975 al *Corriere della Sera*), poi in messaggio alle Camere. Leone voleva l'abolizione del "semestre bianco" in cui il capo dello Stato non può sciogliere il Parlamento, e ridurre il mandato presidenziale da sette a cinque anni. Nella seconda intervista con Tito lamentò la perdita di prestigio dell'Italia, non invitata da Francia e Germania a un vertice europeo (quanto sono vecchie certe consuetudini...) e l'inefficienza della pubblica amministrazione; era spaventato dalla disoccupazione dilagante, dall'assenteismo nelle fabbriche, dall'atteggiamento rinunciatario degli imprenditori (erano gli anni in cui Gianni Agnelli pensava di vendere la Fiat). Riteneva giusto aumentare i poteri della presidenza del Consiglio e regolamentare il diritto di sciopero.

Quando queste tesi furono tradotte in un messaggio alle Camere (15 ottobre 1975, a metà mandato), i commentatori più autorevoli dissero che Leone aveva ragione, ma i sindacati si ribellarono e il mondo politico (DC compresa) accolse il messaggio nel gelo e lo mise nel cassetto. Si disse anzi che Moro, presidente del Consiglio, prima di controfirmarlo pretese correzioni e tagli.

Leone fu il Presidente della Repubblica che nell'intero arco del suo mandato dovette confrontarsi con il terrorismo. Lo fece con dignità e quando durante il sequestro Moro sembrò per un momento possibile scambiare il prigioniero con Paola Besuschio, militante delle Brigate Rosse, disse di essere pronto "con la penna in mano" per firmare la grazia. Purtroppo non servì.

Il suo carattere estroverso lo portò anche nei viaggi all'estero ad alcuni eccessi incompatibili con il protocollo: qualche canzone di troppo, qualche ballo di troppo, qualche battuta di troppo. Qualche ospite di troppo anche nelle comitive presidenziali e qualche capriccio di troppo concesso al figlio Mauro, il prediletto perché vittima di una grave malattia nell'infanzia. Ma Leone piaceva alla gente e anche all'estero godeva di una simpatia che gli faceva perdonare qualche eccesso.

Il fatto che il Presidente godesse di una ampia popolarità, di cui io stesso fui testimone in diverse città italiane, non impediva al suo ufficio stampa di agire con mano pesante su alcune questioni. All'inizio del mandato, il Quirinale chiese che un redattore del giornale radio, amico di famiglia, fosse accreditato come inviato permanente. La stessa richiesta fu fatta per il telegiornale, ma il direttore Villy de Luca non la accettò. C'era una burrascosa antipatia tra Nino Valentino, segretario particolare e consigliere per la stampa del Presidente, e il vicedirettore del telegiornale Biagio Agnes. Fui designato io, a dispetto dei santi. Trovo giusto che il Quirinale manifesti il gradimento per chi nel servizio pubblico radiotelevisivo deve seguire il Presidente. Capisco meno che il designato, anche se non amatissimo, debba pagare pegno se si comporta correttamente. Agnes mi disse maliziosamente che per essere graditi a Palazzo i servizi avrebbero dovuto presentare qualche favorevole inquadratura dei familiari del Presidente. Nel 1972 registrai la trionfale accoglienza della coppia presidenziale nella prima visita ufficiale a Napoli. Nel marzo del '73, rientrando da una trasferta in Valle d'Aosta, trovai sul tavolo un telegramma di Stato di colore rosa. Ne indovinai la provenienza e con la mia mai sopita ingenuità pensai che fosse arrivato finalmente un ringraziamento. Era invece una severissima rampogna. Mi si rimproverava di aver sintetizzato in maniera sgradita al capo dello Stato l'indirizzo di saluto del Presidente della regione, che era in effetti di una noia mortale. Qualche ora dopo giungeva a Palazzo la mia severa lettera di risposta. La sostanza: faccio il giornalista, non il cantore. È il telegiornale che stabilisce il taglio dei servizi, non il Quirinale. Naturalmente un giovanotto di 29 anni non avrebbe potuto permettersi una risposta del genere se la direzione non l'avesse coperto. E i rimpianti De Luca e Agnes mi coprirono perfettamente. Fui invitato a Palazzo da Valentino e ci fu il chiarimento che migliorò sensibilmente i rapporti. Ricordo che entrando nei giardini del Quirinale con la mia 500 feci una curva strettina e rischiai di tamponare la Fiat 130 della signora Leone che stava uscendo. "Non si entra così in un palazzo!" mi sgridò il corazziere di guardia. Quando rivelai l'episodio nel 1978 nel mio ...*E anche Leone votò Pertini* (Cappelli, 1978), l'ormai ex Presidente mi fece sapere di essere completamente all'oscuro dell'episodio e se ne dispiacque sinceramente. Da allora, la signora Leone – splendida anche nella vecchiaia – mi ha sempre manifestato una affettuosa premura. Lasciai anni dopo i servizi al Quirinale chiamato a occuparmi d'altro come inviato.

Vittoria Leone, la *first lady* più bella

"Vitto', t'ajjo fatta reggina!" fu così che esclamò Giovanni Leone alla sua adorata Vittoria, quando fu eletto Presidente della Repubblica. E Vittoria, la più bella delle consorti che avevano affiancato sino ad allora un nostro Presidente, salì al trono.

"Quando s'insediò al Quirinale, nel 1971, Giovanni Leone chiese al giurista Aldo Sandulli di verificare se qualche Paese occidentale attribuisse per legge un ruolo alle famiglie dei Presidenti. Una ricerca mirata a far crescere, ufficializzandola, l'influenza della nostra *first lady* di allora e si chiuse con un *no*: nessuna Costituzione riconosce funzioni speciali ai congiunti di chi è al vertice dello Stato, persone pubblicamente esposte, ma prive di rilievo internazionale" (Marzio Breda, *Corriere della Sera*, 15 maggio 2019).

Donna Vittoria veniva da due dolorose esperienze di madre. Per il figlio Mauro affetto da una rara forma di poliomelite, quella bulbare, vissero un lungo calvario. Fino a quando all'età di dodici anni, grazie a due interventi chirurgici a Los Angeles, la cosa si risolse.

A quattro anni, il loro secondogenito Giulio, nato nel 1949, li lasciò a causa di una difterite. A lui Giovanni Leone dedicò la sua opera più importante, il manuale di diritto processuale penale. Bisogna conoscere la storia di famiglia per capire come una donna così esile e delicata, potesse portare addosso un tale carico, affrontato con coraggio e determinazione.

"Quando nel 1964 mio marito non ce la fece a essere eletto m'inginocchiai e baciai la terra", mi raccontò la signora, "perché Giovanni non era un uomo di potere, io ero giovane e sapevo di non essere brutta. Avrei attirato molte attenzioni malevole. La morte di Giulio aveva segnato la mia esistenza in modo decisivo. Dopo un dolore materno così forte, come avrei potuto avere l'ambizione di valorizzare la mia bellezza o di ricevere un baciamano?".

Vittoria era in compagnia del marito, da pochi giorni presidente del Consiglio, quando incontrandola nel salone delle Feste del Quirinale, John F. Kennedy – ospite di Antonio Segni – le si rivolse, se vogliamo anche maldestramente, dicendole: "Adesso capisco il successo di suo marito". Con il suo buon inglese (un suo avo fu un botanico inglese chiamato da Carolina di Borbone per sistemare i giardini della magnifica reggia vanvitelliana, e sua nonna era cittadina di Sua Maestà britannica) Vittoria gli rispose: "Grazie, Presidente. Ma lei non conosce i meriti di mio marito…".

Le apparenze in effetti attirarono anche calunnie, ne facevano la sposina di venti anni più giovane di un uomo dall'aria di gufo bonario, tutt'altro che prestante. Ma il fascino di Leone era un altro. Un'intelligenza fuori del comune e una esuberanza che piaceva alle donne e gli faceva piacere molto le donne. Vittoria Michitto, diciassette anni, figlia di una buona famiglia di Ercole, in provincia di Caserta, lo colpì immediatamente.

Era il dicembre del 1945, Giovanni Leone, trentasette anni, tenente colonello del Tribunale militare, ordinario di procedura penale a Bari, avvocato affermato, s'imbucò in una festa in casa Michitto in nome dell'amicizia, in verità un po' diradata, con Luigi, il fratello di Vittoria.

L'occasione dei festeggiamenti era il congedo proprio di Luigi, giovane avvocato, che aveva servito come sottotenente nella magistratura militare. Alla vista di Vittoria ne rimase abbagliato. Anche lei fu colpita da questo incontro.

"Ricordo perfettamente l'impressione che mi fece", mi avrebbe raccontato donna Vittoria, "parlava, mi apostrofava e, venendo a sapere che di lì a poco avrei affrontato gli esami di maturità, si offerse, tutto scherzando, di raccomandarmi. Fui seccata di questo suo discorso, che ritenni maleducato, e in generale dalla sua intraprendenza". Pochi giorni dopo Leone tornò all'attacco con la complicità di Luigi. "Luigi", mi raccontò sempre la signora Leone, "mi chiese di accompagnarlo a un concerto. Lì trovai anche Giovanni. A un certo punto del concerto, mi diede una copia del programma di sala: sfogliandolo scoprii che in una pagina c'era scritto *Ti amo*. Tornai a casa con la febbre altissima, ma mio padre dopo avermi visitato ne capì le origini e mi curò con la valeriana".

Giovanni Michitto, il padre, era medico valoroso e uomo di grande cultura, sul comodino aveva i Vangeli e i testi in latino di Virgilio e Orazio.

Vittoria da allora fu tempestata di lettere appassionate e di visite pressanti, e nove mesi più tardi, il 15 luglio del 1945, si sposarono: sull'altare del matrimonio lei sacrificò la licenza liceale. Perché tutto così in fretta? "Giovanni aveva paura di perdermi" mi confessò la signora Leone quando andai a trovarla per *L'amore e il potere*.

Nel 2007, in casa di Maria Angiolillo, donna Vittoria quasi ottantenne, ma di bellezza inscalfibile, mi parlò di un libriccino che da poco aveva fatto stampare da una piccola tipografia napoletana. Si trattava del racconto di Giovanni Leone sui loro sessant'anni d'amore. Me ne fece recapitare una copia: deliziosa.

Durante il viaggio di nozze Giovanni e Vittoria si fermarono a Roma: l'umidità li costrinse a lasciare una *Turandot* a Caracalla dopo il primo atto, ma in compenso lui trovò in una libreria, in via del Corso, un volume di Ernesto Bonaiuti, il grande modernista scomunicato, dal titolo *Il matrimonio presso gli ebrei*, in cui scoprì, sfogliandolo, che la religione israelitica raccomanda che la sposa abbia la metà degli anni dello sposo. Il professore mostrò trionfante questo passaggio alla giovanissima moglie.

Proseguirono poi verso il Nord, in direzione dei laghi, e presero alloggio al Grand Hotel delle Isole Borromee, il più romantico albergo di Stresa: Vittoria, eccellente nuotatrice, si tuffava nel lago, mentre Giovanni la guardava preoccupato dalla riva: non sapeva nuotare. Napoletano, preferiva la montagna al mare: quando il marito fu chiamato a far parte della "commissione dei 75" incaricata di scrivere la nuova Costituzione repubblicana, Vittoria prese assai male l'interruzione del viaggio.

Il loro fu un matrimonio d'amore con un grande senso della famiglia. E una grande passione per la musica. La signora Vittoria per sposarsi rinunciò anche al diploma in pianoforte. L'unico vero dissenso era sulle vacanze.

Lei amava il mare, il marito la montagna. Avevano casa a Roccaraso, ma lì Vittoria perdeva la fame. Giovanni, per altro verso, si rassegnava a qualche giornata a Capri. Le nuotate solitarie della moglie lo umiliavano. Decise allora di imparare a nuotare esercitandosi alla "Canzone del mare" di Marina Piccola, accanto al mitico scoglio delle Sirene che allora, forse, non era ancora sommerso e violato dal cemento. Per la verità sembra che Leone sia stato aiutato da suoi amici: legato con delle funi di sicurezza fu costretto a calarsi in mare e si rese subito conto che bastava muovere un po' le braccia per rimanere a galla. Quali sacrifici impone l'amore anche a un austero giurista.

E anche cosa non fa l'uno per rispetto dell'altro. Giovanni e Vittoria dormirono sempre in stanze separate. "Mio marito era un insonne", mi raccontò la signora Leone, "si metteva a letto, ma poco dopo tirava via la coperta e si metteva a lavorare: poi si alzava, andava a prendere qualcosa dal frigorifero, tornava a letto. Lavorava ogni notte, e converrà che era impossibile reggere a questo ritmo. A Napoli, a Roma, al Quirinale non ha mai cambiato abitudini e abbiamo avuto sempre camere separate".

E quando Vittoria Leone diventò donna Vittoria si adattò subito al ruolo e ai baciamano. La famiglia si trasferì al Quirinale riaprendo stanze che erano rimaste chiuse dai tempi di Segni perché abbiamo visto che Saragat aveva preferito risiedere a Castelporziano.

E lei occupò pienamente e con orgoglio lo spazio fisico e figurato della prima donna: "Ho fatto il giro dei principali stilisti", mi disse, "e mi sono fermata su Valentino. I suoi abiti erano più adatti al mio fisico, mi davano una sicurezza maggiore di quelli degli altri". Il suo successo sui media fu istantaneo.

"Ora che ce l'avevo davanti, mi chiedevo perché mi piacesse. Il sorriso affettuoso, bonario? Gli occhietti teneri, maliziosi? L'assenza di ogni presunzione? Sì, forse questo..." scrisse Oriana Fallaci su *L'Europeo* dopo il primo incontro col Presidente.

Come abbiamo visto nel suo ritratto, Leone piacque subito. E la sua famiglia incuriosiva.

Il tutto si rivelerà però una gabbia dorata e dolorosa, perché nonostante privilegi, ricevimenti e apprezzamenti, a donna Vittoria non è stato perdonato nulla. Tantomeno il parrucchiere al seguito durante i viaggi all'estero.

Donna Vittoria pagò la sua bellezza. Ida Einaudi e Laura Segni furono meravigliose consorti di Presidente, ma le loro figure erano di stampo antico e materno.

Vittoria fu vera ambasciatrice di eleganza e di moda. I rotocalchi impazzivano per lei, le dedicavano paginoni. Finalmente c'era di che parlare e "sparlare".

Una cosa, però, sono i rotocalchi, un'altra è "un dossier fatto confezionare dal generale Giovanni de Lorenzo (accusato poi di sedizione golpista) sulla sua vita privata che risulterebbe 'piena di infedeltà'" come ricordano Ermanno Corsi e Piero Antonio

Toma (*Quirinale Amori e Passioni*, Grimaldi & C., 2015). "Il sifar prepara un fotomontaggio con immagini presentate come 'piccanti'; il sifar le mette alle calcagna un fotografo-spia che però, durante una crociera sull'Atlantico, nulla di sconveniente può riprendere su di lei, ma solo qualche scatto di Giovanni Leone mentre canta a voce piena e suona la chitarra".

Si arrivò addirittura a un'iperbole editoriale che non aveva precedenti e mai si sarebbe ripetuta. Alla fine del 1976 il giornalista Cesare Ardini pubblicò un libro adorante sulla signora Leone, che ne conserva tuttora una copia. Libro però ritirato dalla distribuzione. Titolo inequivoco: *Donna Vittoria, amore mio* (Istituto Enciclopedico Universale, 1976). "Conosco alla perfezione il ritmo del suo passo e la qualità del suo profumo... Sono innamorato di lei. È forse un reato? Non lo credo... Milioni d'italiani l'amano quanto me, forse più di me, ma si vergognano di ammetterlo. Io, nel gridare il mio amore, lo faccio anche a nome di coloro che, pur amandola, non osano confessarlo".

Le sgradevolezze non furono poche. *L'Espresso* titolò un articolo di Tullio Fazzolari, "Donna Vittoria, patrona degli italiani": "Agiografia. Nasce un nuovo genere letterario: il kitch presidenziale. Tema: il culto della signora Leone".

Poi arrivò il 1978. Il terribile 1978, di cui abbiamo a lungo parlato. "Fu un complotto a freddo", mi disse donna Vittoria, "quando tornammo a vivere a Le Rughe [la villa che la famiglia aveva costruito a nord di Roma, *nda*] Giovanni Leone era ormai un'altra persona".

7
Sandro Pertini
Giamburrasca al Quirinale

"Vecchio io? C'è chi rimane giovane per sempre..."

Come sempre accade, quando stava avvicinandosi la scadenza del mandato di Leone, i partiti – e soprattutto i
candidati – cominciavano a muoversi. Il vento del centrodestra s'era spento. La poderosa avanzata del PCI alle
elezioni del 1975 e del 1976 aveva aperto la strada al
"compromesso storico". Anche se per Moro alla guida
del governo la DC restava ancora "alternativa a se stessa",
al Quirinale sarebbe andato un uomo di sinistra o gradito alla sinistra.

I socialisti volevano ragionevolmente uno dei loro. Il
candidato giusto era Francesco De Martino, un professore settantenne di diritto romano che aveva acquisito
autorevolezza internazionale con i sei volumi della sua
Storia della Costituzione romana. De Martino era stato

per tre volte segretario del PSI. L'ultima tra il '72 e il '76 quando venne sfrattato in malo modo da Bettino Craxi, dopo una pesante sconfitta elettorale. Non sappiamo se al momento giusto Craxi l'avrebbe sostenuto perché De Martino era il simbolo dell'apertura al PCI alla quale il nuovo segretario era contrarissimo.

De Martino uscì comunque dalla gara per un episodio molto increscioso che colpì la sua famiglia. Il 5 aprile del '77 il figlio Guido, giovane e promettente politico e docente universitario, fu sequestrato non si è mai saputo bene da chi: camorra (tesi prevalente), clan del Nord riconducibile a Francis Turatello (tesi del padre), "forze occulte" (tesi di Andreotti). Guido parlò di un movente politico: l'apertura al PCI fatta dal padre. Fatto sta che, dopo quaranta giorni di prigionia, il giovane De Martino fu rilasciato contro il pagamento di un riscatto di ottocento milioni di lire. Gli amici del professore avevano fatto una colletta, ma a un uomo di sinistra non fu perdonato questo cedimento.

L'altro candidato autorevole era Moro. Ma a lui provvidero le Brigate Rosse con il sequestro del 16 marzo 1978 e l'assassinio del 9 maggio successivo.

Le dimissioni di Leone accorciarono di un semestre il suo mandato, sicché l'elezione del successore non cadde intorno al Natale del '78 come previsto, ma fu anticipata al 29 giugno, festa dei santi Pietro e Paolo, protettori di Roma. I dieci giorni che precedettero il primo scrutinio videro lotte furiose.

Gli amici di Moro (ma anche i comunisti) premevano per Benigno Zaccagnini, braccio destro dello statista scomparso. Ma Craxi disse che bisognava rispettare "l'equilibrio democratico": tradotto, al Colle deve andare uno dei miei. Il 21 giugno Vittorio Zucconi rivelò su *La Stampa* che Zaccagnini – dopo una sequela infinita di "Per l'amor di Dio..." – aveva accettato la candidatura: "Ha detto ieri sera in un ultimo sussulto di ribellione tra un cucchiaio e l'altro di quel bicarbonato col quale aggrava un'antica ulcera: 'Ma sia ben chiaro che al Quirinale voglio far pulizia e andarci solo per lavorare. Mia moglie Annamaria in quel palazzo non vivrebbe neppure dipinta...'". E giù i ritratti di una *first lady* semplice e inconsapevole, che ai cinghiali di Castelporziano avrebbe preferito i polli di Casola Valsenio, in provincia di Ravenna. La contraerea socialista sforacchiò pesantemente l'aeroplanino di Zac, appesantito peraltro dal piombo caricatogli addosso dall'ala democristiana più moderata (decisivo il *no* di Flaminio Piccoli). Sicché proprio quello stesso giorno sul quotidiano *Paese Sera*, vicino al PCI, l'ex segretario socialista Giacomo Mancini propose il nome di Sandro Pertini, ex presidente socialista della Camera, sostituito nel '76 dopo otto anni dal comunista Pietro Ingrao. Craxi, che aveva in mente tutt'altro, fece finta di appoggiarlo, sapendo benissimo che sarebbe stato affondato. La DC infatti disse subito che non avrebbe accettato un candidato "frontista" (i comunisti l'avrebbero votato volentieri). I democristiani sapevano peraltro che Craxi teneva nascosto il candidato vero e aspettavano che lo tirasse fuori. Quando uscì il nome di Pertini, le prime obiezioni furono avanzate sull'età: 82 anni. "Il nuovo Presidente della Repubblica deve certo avere un glorioso passato, ma è indispensabile che abbia un po' di avvenire...", disse il deputato democristiano Guglielmo Zucconi. Guido Quaranta, cronista parlamentare dell'*Espresso*, udì un altro deputato sussurrare: "Al primo presentat'arm dei corazzieri potrebbe cascargli la dentiera". Pertini, fumantino com'era, reagì a dovere. Ricordò che suo fratello s'era conservato lucidissimo fino a 94 anni e che sua madre era morta sì a 91, quindi ancor giovane, ma soltanto perché era caduta dalla sedia. "C'è chi nasce vecchio e chi rimane giovane per tutta la vita. Io appartengo alla seconda categoria. Se non mi vogliono, se ne inventino un'altra".

No a Zaccagnini, La Malfa e Vassalli. Alla fine...

Si fece avanti Ugo La Malfa, storico leader dei repubblicani, uno dei Padri della Patria. Ma Craxi lo affondò senza misericordia il 23 giugno. "Chi per sua libera decisione nella legislatura in corso ha assunto la leadership di battaglie discriminanti", scrisse in una nota ufficiale, "non può essere il punto di equilibrio che stiamo cercando di definire". L'allusione è al "compromesso storico": Craxi non lo poteva soffrire, La Malfa lo considerava inevitabile. Lo sconfitto ci restò malissimo e il segretario del suo partito, Oddo Biasini, minacciò l'uscita del PRI dal governo. Ma tant'è.

Dopo una circumnavigazione intorno ai nomi di Norberto Bobbio, prestigioso filosofo, e di Massimo Severo Giannini, luminare del diritto amministrativo, Craxi mise sul tavolo un candidato-civetta: Antonio Giolitti. Romano, 63 anni, bell'uomo, aveva fatto la Resistenza, era uscito dal PCI nel '56 dopo i fatti d'Ungheria (ci sarebbe tornato nel 1987 dopo la rottura con Craxi), era stato ministro del Bilancio e adesso era commissario europeo. Quando Giolitti aveva contrastato la prima candidatura di Pertini per via dell'età, si era sentito rispondere: "È l'ultimo che può parlare. Suo nonno [Giovanni Giolitti, *nda*] è stato presidente del Consiglio a ottant'anni…". Craxi lo propose sapendo benissimo che la DC lo avrebbe bocciato perché troppo gradito a sinistra. Il suo vero candidato era Giuliano Vassalli, l'omologo socialista di Leone: grande avvocato e luminare del diritto penale. Ma fu freddato dai comunisti al grido di: "È il difensore di Lefevbre!", il professore amico di Leone coinvolto nell'affare Lockeed (in realtà, quando i socialisti ribatterono con fior di nomi di avvocati di sinistra che avevano difeso imputati di destra o addirittura terroristi neofascisti, Loris Fortuna disse la verità: Vassalli, amico della famiglia Moro, ha scritto cose severe sul comportamento di Berlinguer in quella vicenda…).

Nelle prime votazioni, i partiti indicarono i candidati di bandiera (Gonella, Amendola, Nenni…). Poi ci fu un'esplosione di astenuti: oltre alla DC, anche i socialisti presero tempo. Finché la mattina del 2 luglio, dopo un consulto notturno con i comunisti, Craxi annunciò il ritorno del PSI su Sandro Pertini rivolgendo alla DC "un amichevole e caloroso appello perché voti l'insigne candidato". La DC respinse l'offerta: non poteva riproporre ai gruppi parlamentari una candidatura già respinta.

La notte sul 7 luglio ci fu un vertice – credo mai avvenuto prima e mai più ripetuto – tra tutti i segretari dei partiti dell'"arco costituzionale": Zaccagnini, Berlinguer, Craxi, Biasini per i repubblicani, Zanone per i liberali, Romita per i socialdemocratici. La DC confermò la rinuncia a un proprio candidato e ne propose quattro: Vassalli, La Malfa, il liberale Bozzi, il socialdemocratico Paolo Rossi, presidente della Corte costituzionale. Non avrebbe accettato altrui candidati. I socialisti volevano un socialista. I comunisti un socialista, ma non Vassalli. I repubblicani solo La Malfa: comunisti e democristiani d'accordo. Gli altri no. Allora Rossi? Comunisti e socialisti non vollero saperne. E Bozzi? Ma era liberale, diamine…

La mattina di venerdì 7 luglio, Craxi e Claudio Signorile andarono a casa Pertini, in via della Stamperia, un piccolo attico preso in affitto dall'Ente comunale di assistenza e affacciato sui tetti di Fontana di Trevi. Lo trovarono che preparava la valigia per raggiungere domenica la moglie in un paese della Costa Azzurra vicino Mentone dove era stato in esilio (da anni la coppia aveva una casa di 42 metri quadrati a Nizza). Gli dissero che Zaccagnini stava lavorando per lui, ma incontrava ancora forti resistenze in una parte della DC. Pertini non batté ciglio, andò a Montecitorio per votare scheda bianca e incontrando il suo vecchio amico Vittorio Gorresio gli disse, recitando un falso copione: "Non sai quanto sono felice di essermi tirato indietro da questa indegna competizione...".

Alle quattro del pomeriggio, uscì una nota della direzione democristiana più fumosa di un verdetto della Sibilla. Ma facendosi largo tra un "evitando contrapposizioni destabilizzanti", un"'auspicata convergenza su una candidatura dell'area laica e socialista" e un "sicuro orientamento democratico", gli esegeti scoprirono il ritratto di Pertini. Che infatti riceveva contemporaneamente la visita di un accaldato Flaminio Piccoli: "Sono venuto a dirti a nome di Zaccagnini che abbiamo deciso di votarti".

L'indomani, sabato 8 luglio, Pertini diventava il settimo Presidente della Repubblica italiana con una votazione plebiscitaria: 832 voti su 995 votanti. Non lo votarono soltanto missini e monarchici (ma dopo il discorso d'insediamento, Almirante avrebbe ammesso: "Non l'ho votato, ma ho dovuto applaudirlo"). Giovanni Leone, che aveva disertato le votazioni, si presentò all'ultimo appello per votare anche lui Pertini. Il vero sconfitto di questa tornata paradossalmente fu Craxi, costretto a subire la beffa di un Presidente socialista sgradito al segretario del PSI. Non a caso Giampaolo Pansa lo definì su *la Repubblica*, "Pirrino Craxi", perché quella vittoria era in realtà una sconfitta.

Il Quirinale usato solo come ufficio, le improvvisate nei caffè

Pertini aveva un carattere infernale ed è stato sempre un Giamburrasca imprevedibile in politica, ma è difficile trovare una figura di antifascista limpida e coerente come la sua. Nato nel 1896 a Stella, in provincia di Savona, da una famiglia benestante, fece il liceo classico, ma prima di laurearsi in giurisprudenza – come molti giovani della sua età – dovette passare per la guerra. Neutralista, non volle fare l'ufficiale. Quando vi fu costretto, si batté con valore da tenente guadagnando una medaglia d'argento, mai consegnata sul momento. Quando volevano portargliela al Quirinale, la rifiutò rivendicando la sua posizione neutralista, ma considerò personalmente esaltante l'esperienza bellica. In cui sopravvisse per miracolo: colpito dai gas, fu portato in un ospedale da campo dal suo attendente, che dovette minacciare con la pistola i medici che lo consideravano incurabile. Socialista riformista da sempre, amico e seguace di Turati, vide devastato il suo studio d'avvocato, fu picchiato, bastonato

Dodici Presidenti
tra pubblico e privato

Enrico De Nicola con l'allora presidente del Consiglio Alcide De Gasperi che controfirma la Costituzione. Roma, 27 dicembre 1947.

Enrico De Nicola, ancora Capo provvisorio dello Stato, saluta la folla al suo arrivo a Montecitorio in occasione delle celebrazioni della festa del 2 giugno. Roma, 1947.

Il Presidente della Repubblica Luigi Einaudi a colloquio con l'attore britannico Charlie Chaplin. Roma, 1952.

Luigi Einaudi, seduto in poltrona, legge un libro in compagnia della moglie Ida Pellegrini. Roma, 1955.

Il Presidente Giovanni Gronchi accoglie Jacqueline Kennedy. Roma, 10 marzo 1962.

Giovanni Gronchi stringe le mani degli emigranti italiani in Argentina durante una parata d'onore per le strade di Buenos Aires, primo Presidente della Repubblica a visitare il Sudamerica. Aprile 1961.

Antonio Segni, ancora ministro degli Affari Esteri, insieme al presidente del Consiglio dei Ministri dell'Unione Sovietica Nikita Krusciov e al presidente del Consiglio dei Ministri italiano Amintore Fanfani. Mosca, agosto 1961.

Il Presidente della Repubblica Antonio Segni al Quirinale con il Presidente degli Stati Uniti John F. Kennedy. Roma, 1963.

Il Presidente della Repubblica Giuseppe Saragat tiene per mano i nipoti Augusto e Giuseppina sulla spiaggia. Castel Porziano, dicembre 1965.

Il Presidente Saragat incontra il Presidente degli Stati Uniti Richard Nixon. Roma, febbraio 1969.

Il palazzo del Quirinale, "indicato" da uno dei DIoscuri del gruppo marmoreo presente nella piazza.

Vista notturna del Quirinale, illuminato dai colori della bandiera italiana sulla torre campanaria.

Il Presidente Giovanni Leone insieme al Presidente USA Gerald Ford alla Casa Bianca. Washington, 1974.

Il Presidente Giovanni Leone, con la moglie Vittoria, all'inaugurazione del Teatro Regio di Torino. 10 aprile 1973.

Il Presidente Sandro Pertini riceve al Quirinale gli attori italiani Giulietta Masina, Vittorio Gassman e Alberto Sordi. Roma, 1982.

Il Presidente della Repubblica Sandro Pertini, durante il suo viaggio diplomatico in Estremo Oriente, saluta calorosamente Deng Xiaoping, Segretario della Conferenza politica consultiva del popolo cinese e vice-premier. Pechino, settembre 1980.

Il Presidente Pertini al Quirinale, a colloquio con la regina inglese Elisabetta II e il principe Filippo di Edimburgo. Roma, 1980.

Il Presidente
Cossiga pronuncia
un discorso davanti a
Papa Giovanni Paolo II.

Francesco Cossiga
con il Presidente sovietico
Mikhail Gorbaciov.

Francesco Cossiga, ancora presidente del Senato, con Giulio Andreotti, allora ministro degli Affari Esteri, alla settima Festa nazionale dell'Amicizia. Fiuggi, settembre 1983.

Il Presidente Scalfaro con Silvio Berlusconi durante il suo primo esecutivo.

Il Presidente della Repubblica Oscar Luigi Scalfaro, al Quirinale, scherza con lo *show man* e musicista jazz Renzo Arbore. Roma, 1992.

Carlo Azeglio Ciampi con un giovane Mario Draghi.

Il Presidente Carlo Azeglio Ciampi e sua moglie ricevono, al Quirinale, la regina d'Inghilterra Elisabetta II e il principe Filippo.

Il Presidente
Giorgio Napolitano
e Papa Francesco durante
una cerimonia
a piazza San Pietro.
Città del Vaticano,
27 aprile 2014.

Giorgio Napolitano passeggia
sulla spiaggia in compagnia
della moglie Clio Maria Bittoni.
Capalbio, 2 luglio 2005.

Il Presidente Giorgio Napolitano ricevuto dal Presidente USA Barack Obama nella Stanza Ovale della Casa Bianca. Washington, 15 febbraio 2013.

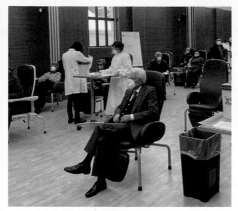

Il Presidente della Repubblica Sergio Mattarella all'Ospedale Spallanzani dove ha ricevuto una dose di vaccino Covid-19. Roma, 9 marzo 2021.

Il Presidente Mattarella e il presidente del Consiglio Mario Draghi, al Quirinale, durante la Cerimonia del Giuramento del suo governo. Roma, 13 febbraio 2021

Photo by Oliver Contreras/SIPA USA

Il Presidente Sergio Mattarella stringe la mano al Presidente degli Stati Uniti Donald Trump, durante una conferenza stampa nella Sala Est della Casa Bianca. Washington, 16 ottobre 2019.

fino alla fuga in Francia dopo aver favorito l'espatrio di Turati. Ne rifiutò il sostegno economico, preferendo fare il muratore e perfino il lavatore di taxi. Tornato in Italia nel '29, fu arrestato e passò per quattordici anni dal carcere al confino, rinnegando la domanda di grazia firmata dalla madre "perché macchierebbe la mia fede politica". Tornato libero nel caos del '43, fu arrestato dai nazisti in ottobre e condannato a morte. Il 25 gennaio del '44 evase da Regina Coeli con Giuseppe Saragat e diventò un membro influente del Comitato di Liberazione Nazionale. Quando il 27 aprile del 1945 Mussolini fu arrestato a Dongo, secondo Leo Valiani, storico azionista e poi senatore, fu Pertini insieme con lui e con i comunisti Luigi Longo ed Emilio Sereni a decidere l'esecuzione immediata del Duce. Raffaele Cadorna, il generale che comandava l'apparato militare del CLN, non fu interpellato perché era favorevole a far processare Mussolini.

Presente in Parlamento dalla Costituente in poi, presidente della Camera dal '68 al '76 e quasi sempre alla direzione di un giornale (dall'*Avanti!* al *Lavoro* di Genova), Pertini tentò di scongiurare nel '47 la scissione di palazzo Barberini, provò (saggiamente) a impedire nel '48 il Fronte Popolare con il PCI che avrebbe indebolito il PSI e nel '78 in aperto dissenso con Craxi fu l'unico dirigente socialista a schierarsi contro una trattativa con le Brigate Rosse per la salvezza di Aldo Moro. Diceva che dopo aver partecipato al funerale della democrazia quando Mussolini prese il potere, non voleva partecipare al secondo dandola vinta alle Brigate Rosse.

Il discorso d'insediamento al Quirinale fu breve nella durata (mezz'ora) e asciutto nella sostanza. Mise al primo posto il lavoro: "Bisogna che sia assicurato a ogni cittadino. La disoccupazione è un male tremendo che porta anche alla disperazione. Questo, chi vi parla, può dire per personale esperienza acquisita quando in esilio ha dovuto fare l'operaio per vivere onestamente". Chiarì subito ai giornalisti che sua moglie Carla non avrebbe messo piede al Quirinale e che lui stesso avrebbe utilizzato il palazzo soltanto come ufficio, tornando la sera a casa. Si ritagliò una modesta foresteria: camera da letto, bagno e una piccola sala da pranzo dove si fermava a colazione quando non aveva ospiti. Andava in ufficio al mattino presto, faceva una pennichella a metà giornata e alle venti precise, come se timbrasse un cartellino, "staccava" (parola sua) per rientrare nell'abitazione privata accanto a Fontana di Trevi. Dopo i pasti fumava la pipa: ne aveva una collezione di duecento arricchita dagli omaggi dei visitatori più importanti. Fanfani, che tanto avrebbe voluto stare al suo posto, gliene regalò una del Settecento con il fornello che raffigura la testa di un cavallo "imponente come un monumento".

Il suo primo viaggio fu a Stella San Giovanni, dov'era nato e dove ritrovò gli amici d'infanzia e una signora più giovane di lui che aveva a suo tempo corteggiato. Fece sapere di aver pagato di tasca sua (84mila lire) il biglietto Alitalia di andata e ritorno per Genova. Cercò di rendere informali per quanto possibile i rapporti con il personale: d'estate chiese all'autista di togliersi i guanti e il cappello con visiera, abolì il divieto per i dipendenti del Quirinale di attraversare in diagonale il cinquecentesco cortile d'onore (divieto poi ripristinato o comunque tuttora osservato).

Pertini è stato sempre amabilmente vanitoso. Curava molto l'abbigliamento. In carcere sistemava i pantaloni sotto il materasso perché non perdessero la piega. In altre prigioni, raccontava Saragat, chiedeva invece subito la divisa da galeotto "come gli uomini che rientrando a casa dal lavoro si mettono il pigiama". È stato sempre attento alla pettinatura. Racconta Sergio Piscitello (*Gli inquilini del Quirinale*), capo del cerimoniale nel Palazzo, che durante una visita di Stato in Spagna Pertini, contro le sue abitudini, tardava ad alzarsi. Dovettero aprire la porta con la chiave di servizio e lo trovarono addormentato con la camicia da notte e una retina protettiva dei capelli.

Amava le uscite improvvise, che se da un lato mettevano in difficoltà i servizi di sicurezza, dall'altro non consentivano a un ipotetico attentatore di organizzarsi. Andava perciò volentieri da Canova in piazza del Popolo, al Caffè Greco in via Condotti o da Babingtons in piazza di Spagna. La sera, senza moglie, invitava qualche collaboratore o qualche amico nelle trattorie intorno a Fontana di Trevi.

Ogni mossa in favore di telecamera...

Pertini impresse un cambiamento profondo al modo di intendere il ruolo del capo dello Stato. Fino a Leone, i Presidenti avevano svolto una funzione quasi notarile. Avevano caratteri diversi: più ispidi De Nicola e Gronchi, più bonario Leone, ma nessun leader politico guardava al Quirinale con soverchia apprensione. Intanto, perché raramente il Presidente della Repubblica parlava in pubblico e, quando lo faceva, era inconcepibile che staccasse gli occhi da fogli preparati con prudenza, privi quasi sempre di pesanti implicazioni politiche. Pertini fu un ciclone. Capì per primo lo straordinario potere della televisione e se ne servì spregiudicatamente per costruirsi un'eccellente immagine popolare. Non muoveva un passo, non diceva una parola, se non aveva la telecamera accanto a sé. Nell'autunno del 1978, poco dopo la sua elezione, ebbe una crisi depressiva perché, al ritorno nella terra natale di Liguria, la televisione non aveva ripreso l'abbraccio della folla avvenuto là dove il protocollo non prevedeva soste. "La Rai non mi vuole bene" commentò sconsolato.

Nel 1982 l'accompagnai durante una visita in Germania. A Monaco i 900 operai italiani della fabbrica di autocarri Man lo accolsero con entusiasmo. Lui si avventò su un gruppo di connazionali, cominciò a salutarli alla sua maniera e, dopo poche parole, mi guardò indispettito: "E il microfono?". Ce n'era uno a giraffa che gli penzolava sulla testa, ma lui non l'aveva visto e non poteva concepire l'idea di parlare soltanto agli emigrati, senza che le sue parole avessero un riscontro politico in patria.

Come scrisse Montanelli (*L'Italia degli anni di piombo*, con Mario Cervi, Rizzoli, 1991), "la colloquialità alla mano di Pertini non significava autentico interesse per le persone. Come ogni buon demagogo – e lo era – capiva al volo l'opinione pubblica... Amava colloquiare con la gente più che con gli individui...".

Detestava i bambini, ma ne incontrò a migliaia dopo aver scoperto che quella del nonno d'Italia circondato dai suoi nipotini era un'immagine televisiva perfetta. Decine di migliaia di scolari riempirono, durante il settennato, il cortile del Quirinale. Il Presidente si presentava con un gioco di parole : "Mi chiamo Pertini, fatemi perciò domande impertinenti", e via lunghe divagazioni dalla famiglia alla guerra alla Resistenza.

Corse a Madrid quando colse nell'aria il profumo di un titolo mondiale di calcio, si precipitò a Vermicino con l'intenzione di farsi riprendere, durante l'interminabile e sciagurata diretta televisiva, mentre abbracciava per primo il povero Alfredino Rampi, caduto in un pozzo. Purtroppo, il bambino morì.

Il burbero paternalismo di Pertini, che tanto piaceva alla gente facendolo sembrare estraneo a quel Palazzo in cui aveva invece i piedi ben piantati, nascondeva un carattere fumantino e autoritario. I suoi più stretti collaboratori – il segretario generale Antonio Maccanico e il capo del servizio stampa Antonio Ghirelli, due uomini di indiscusso valore – furono entrambi licenziati su due piedi. Per ingraziarsi la sinistra in vista di una possibile rielezione, alla fine del suo mandato, Pertini firmò la grazia per Fiora Maria Pirri Ardizzone, una terrorista di Prima Linea non pentita, esponente di una importante famiglia siciliana e figlia di primo letto della compagna di Emanuele Macaluso. Scoppiò una prevedibile polemica e lui accusò Maccanico di non averlo avvertito dei pericoli che correva. Lo chiamò al telefono e lo licenziò. Maccanico, amico di La Malfa e passato al Quirinale dalla segreteria generale della Camera, era stato l'angelo custode di Pertini per l'intero settennato e lo aveva guidato con saggezza nei sentieri più ripidi. Quando ricevette il benservito non batté ciglio, ma Pertini fu sommerso dalle telefonate di protesta e lo richiamò.

Andò peggio ad Antonio Ghirelli. Nel 1980, durante un viaggio in Spagna, Pertini invitò a colazione il suo capo ufficio stampa al quale aveva dettato alcuni appunti per rispondere a eventuali domande dei giornalisti sul caso Cossiga/Donat-Cattin (il presidente del Consiglio aveva anticipato all'ex ministro l'arresto del figlio Marco, terrorista di Prima Linea). Sequestrato Ghirelli al ristorante, a parlare con i giornalisti andò il suo vice che aveva meno esperienza e dette l'impressione che Pertini volesse far dimettere Cossiga. Ghirelli, firma importante del giornalismo italiano, fu rimosso senza pentimenti.

Tanti funerali e il cruccio per la rielezione mancata

Pertini ha gestito otto crisi di governo in sette anni. La più drammatica fu la prima, a pochi mesi dal suo insediamento, e durò 168 giorni: la più lunga della Repubblica. Il 31 gennaio del '79 Andreotti si dimise: la stagione del "compromesso storico" era finita. Il primo reincarico fu per lo stesso Andreotti che impiegò quasi tre settimane per rinunciare. Pertini chiamò La Malfa e ci fu una seconda rinuncia. Il 3 marzo il diabolico Presidente convocò al Quirinale a distanza di un quarto d'ora l'uno dall'altro – perché non si incontrassero – Andreotti, Saragat e di nuovo La Malfa. Li fece accomodare in tre stanze diverse e a ciascuno chiese se avrebbe fatto il presidente del Consiglio nominando gli altri due vicepresidenti. Era una clamorosa violazione costituzionale: il Presidente della Repubblica avviava la formazione di un governo con nomi e cognomi... Andreotti si tirò indietro, Saragat si offese. La Malfa cedette, ma venti giorni dopo, prima di formare il governo, fu colpito da una emorragia cerebrale. Pertini andò a dormire nella clinica dove agonizzava l'amico, che morì la seconda notte. Se non l'avessero trattenuto, avrebbe fatto la stessa cosa nel 1981 quando Ali Agca sparò a Giovanni Paolo II. Si era infilato in Vaticano in privato pochi giorni dopo l'elezione dell'ottobre del '78, ma – stravaganza del carattere – quando nell'80 era in Campania per visitare i luoghi colpiti dal terremoto dell'Irpinia e seppe che si stava approntando l'elicottero presidenziale per far venire il papa, cercò di bloccare tutto dicendo: "Resti in Vaticano a curare le anime; ai morti e ai feriti ci pensiamo noi". Temeva che Giovanni Paolo II, dotato di un carisma superiore, gli rubasse la scena.

La lunga crisi del '79 si concluse con la nascita del primo governo Cossiga al quale ne seguì un secondo l'anno dopo. Ci fu tra l'80 e l'81 la breve parentesi del governo Forlani abbattuto dallo scandalo P2: Pertini fu inflessibile e non volle saperne di riabilitare gli scagionati. "In questo caso", disse, non esiste l'assoluzione per insufficienza di prove". Mandò a palazzo Chigi il primo non democristiano (Spadolini) e il primo socialista (Craxi, mai amato e da Craxi mai riamato).

Fu un settennato scandito dal terrorismo e dalle stragi. Gli assassini di Piersanti Mattarella e Walter Tobagi. Le stragi di Ustica e della stazione di Bologna. L'assassinio – opera delle Brigare Rosse – di Giuseppe Taliercio, direttore della Montedison di Marghera, e di Roberto Peci, fratello del pentito Patrizio. Le esecuzioni per mano mafiosa di Pio La Torre e del generale Carlo Alberto Dalla Chiesa. La strage del rapido Napoli-Milano, frutto della collaborazione tra mafia e destra neofascista. L'assassinio dell'economista Ezio Tarantelli, anche qui per mano delle BR. Pertini non perdette un funerale e la gente si sentì sempre rappresentata da lui. Montanelli lo detestava ("Ha rappresentato il peggio degli italiani"). Ma anche lui era un umorale e ogni tanto lo riabilitò: "Pertini fu sempre Pertini dal primo all'ultimo giorno del suo settennato. Quando apriva bocca – e non passava giorno che la tenesse chiusa – la gente tratteneva il fiato, ma senz'ansia, anzi col viso già atteggiato a un divertito sorriso. Tanto, ad andarci di mezzo, erano sempre i boiardi".

In effetti, più martellava il governo, più la gente applaudiva. Dopo il terremoto dell'Irpinia, nel 1980, lanciò un messaggio televisivo talmente duro verso l'esecutivo che Forlani, presidente del Consiglio, restò di sale. Anche perché il capo dello Stato si era dimenticato di avvertirlo.

Eletto a ottantadue anni, a ottantanove non voleva saperne di mettersi a riposo. Desiderava essere rieletto a ogni costo. Come molti candidati al Quirinale, aveva bisogno dei voti comunisti. Così, quando nel 1984 morì Berlinguer, corse a Padova a vegliarne l'agonia e non si mosse finché non gli consegnarono la salma per riportarla a Roma. E quando spirò Jurij Andropov, il segretario generale del Partito Comunista sovietico, interruppe una visita di Stato in Argentina per precipitarsi a Mosca, come se gli fosse morto un fratello, lasciando senza parole ambasciatore e connazionali. Il colpo finale per evitare la conferma di Pertini venne inferto dai socialisti. Di ritorno da una seconda visita di Stato in Argentina, sull'aereo il Presidente svegliò i giornalisti per uno sfogo che infarcì di imprecazioni. Poco dopo gli dissero che la televisione aveva trasmesso tutto. "Da lei non mi aspettavo questo tradimento" si lamentò con l'inviato del Tg1 Claudio Angelini. "Presidente, noi non abbiamo trasmesso il suo sfogo. Non le sarebbe giovato" si scagionò il giornalista. "E allora chi è stato?" gridò Pertini. Era stato il Tg2 che, sotto l'influenza di Craxi, aveva chiuso la partita con il vecchio Presidente.

Attentissimo alle nomine che doveva controfirmare, pronto a ogni durezza per bloccare la promozione di un generale o un alto funzionario che non gli garbavano, Pertini è stato in ogni caso una grande figura di democratico e un uomo profondamente amante della libertà. Durante la sua visita al Muro di Berlino disse a noi giornalisti che lo seguivamo: "Che angoscia. Non vi battereste voi, se Roma fosse divisa in due? Questo Muro non può durare".

Carla Pertini, l'anti *first lady*

"Non ho nessuna intenzione di seguirlo al Quirinale bardata come una Madonna".

Era, forse, una bordata a chi l'aveva preceduta? Comunque, Carla Voltolina, moglie di Sandro Pertini, mantenne la promessa.

"Sono rimasta lontana dai riflettori per due ragioni", disse a *Sette*, nel 1996, "perché la nostra non è una Repubblica presidenziale e perciò è bene che le mogli dei Presidenti non salgano alla ribalta. E poi perché io non sono fatta per apparire. La mondanità mi atterrisce".

Partigiana, psicologa, donna decisa e riservata, Carla non apprezzava il clamore mediatico, non voleva approfittare del suo ruolo per assurgere alla fama.

"Il mio Quirinale è una stanza di ospedale con persone che soffrono".

Tenne distinte sempre l'altissima carica di suo marito e la sua vita. Per questo motivo non accettò neanche la presidenza della Croce Rossa che, di norma, spettava alle consorti dei presidenti: "…Penso che sia giusto che la mia persona non venga confusa con quella del Presidente. Gli italiani hanno eletto Sandro, non me. Io non c'entro nulla. Per questo vivo cercando addirittura di non far sapere che sono la moglie del Presidente della Repubblica. Sono la dottoressa Voltolina, e basta".

E dottoressa lo era davvero, perché quegli studi interrotti durante la guerra li riprese nel 1968 laureandosi prima in scienze politiche presso l'Istituto Alfieri di Firenze dove si era laureato Pertini, e cinque anni dopo in scienze sociali con specializzazione in psicologia presso la Facoltà di magistero di Torino.

La dottoressa Voltolina fu molto attiva presso il servizio di farmacodipendenza e alcolismo presso il Policlinico Gemelli di Roma e presso il Servizio diagnosi e cura psichiatrica di Santa Maria Nuova a Firenze, dove svolse anche attività di psicoterapeuta volontaria.

Carattere non facile, sempre vigile sul marito senza apparire, anche dopo la morte del Presidente. Si oppose, strenuamente, nel 1996, alla pubblicazione a cura di Rino Di Stefano di quarantotto lettere che Sandro Pertini aveva inviato all'amata sorella Marion, dal 1926 al 1947 e cioè dal primo arresto fino a quando non entrò a far parte dell'Assemblea costituente.

Carla Voltolina diffidò Fulvio Cerofolini, l'allora presidente della Regione Liguria, perché quella raccolta non uscisse. E così confermò Alda Tonna Villaggio, figlia di Marion Pertini, che ricevette da Carla Voltolina un secco diniego. La storia da lei autorizzata di Sandro Pertini era già stata pubblicata dalla Fondazione Turati nel 1990: "Tutte le lettere e gli scritti di Sandro Pertini". A presentare il volume fu Norberto Bobbio. Delle lettere a Marion non si sapeva ancora nulla.

Perché Carla non volle che uscissero? "I motivi furono probabilmente tre" scrisse Rino Di Stefano su *Il Giornale* nel 1996, "Primo: dover far riscrivere parzialmente la storia ufficiale sul reclutamento di Sandro Pertini nel movimento clandestino antifascista. Secondo: la seccatura di veder reso pubblico il lato sentimentale del defunto capo di Stato. Il terzo ha a che fare con la 'messa in piazza' delle ex fidanzate di Pertini. Del resto che a Pertini piacessero le belle donne lo sanno bene tutti coloro che lo hanno conosciuto da vicino e questo 'dettaglio', caso mai, lo rende più simpatico".

La loro complicità fu totale. Dopo l'elezione a Presidente della Repubblica, Sandro Pertini e sua moglie continuarono a vivere nel piccolo appartamento in via della Stamperia 86, a due passi da Fontana di Trevi, a duecento metri dal Quirinale dove però Carla conservò, strano a dirsi, anche dopo la morte di Pertini, un piccolo ufficio.

Niente auto blu. Con la Cinquecento rossa, la mitica *Peppa*, Carla e Sandro giravano clandestinamente per le strade di Roma: guidava Carla, il Presidente non aveva la patente. Due settimane prima di morire, la Voltolina volle consegnare personalmente l'auto, nonostante il cattivo tempo, al Museo dell'Automobile di Torino, "Carlo Biscaretti di Ruffia".

Il loro registro e stile di coppia furono chiari da subito. Lo stesso Pertini, alla sua elezione, dichiarò ai giornalisti: "Non credo che Carla verrà mai al Quirinale. Sarò io a raggiungerla ogni giorno nel nostro appartamento. Io sono un uomo libero, anche lei deve sentirsi una donna libera".

Una sola volta Carla accettò di seguire il Presidente. Lo accompagnò in un "fantasmatico e criticato viaggio in Cina in cui si rese invisibile a tutti e che intraprese, si seppe soltanto dopo, per farsi visitare da un celebre agopunturista e mangiare privatamente all'"Anitra laccata", rivelò Laura Laurenzi sul *Venerdì di Repubblica*. Teneva sempre un atteggiamento distaccato e polemico quasi continuasse una sorta di guerra partigiana contro il mondo dei potenti. I suoi contatti indiretti con il Quirinale li aveva tramite un impiegato di fiducia che seguiva sempre il Presidente e un ufficiale dei carabinieri che le faceva da periscopio.

Al Presidente non risparmiava le sue antipatie e simpatie personali. Sua antagonista naturale era la moglie del presidente del Senato, Maria Pia Fanfani, e la lunga avversione di Sandro Pertini per la consorte della seconda carica dello Stato che, per qualche tempo, non volle al suo fianco nei pranzi ufficiali, nasceva probabilmente dall'influenza negativa da parte di Carla Voltolina: "una guerra tra dame", come la definisce Sergio Piscitello nel suo *Gli inquilini del Quirinale*.

In verità, Carla Voltolina dama non lo fu per niente, neanche angelo del focolare, né ombra devota, né ambasciatrice di moda.

Torinese, figlia di un ufficiale, classe 1921, smise di studiare per essere staffetta partigiana nelle formazioni socialiste. E l'incontro con Pertini non poté che avvenire in quei frangenti. Pertini a Torino è braccato, non sa dove dormire, Carla lo ospita in casa di sua sorella. Poco dopo, per ragioni di sicurezza, lei si trasferisce a Milano, dove nessuno la conosce. Tiene i collegamenti tra le fabbriche e si occupa del nucleo clandestino degli studenti socialisti della Bocconi. Nei giorni di Resistenza a Milano, rivede Pertini, 48 anni, venticinque più di lei, eroe leggendario che tiene lezioni di politica ai giovani. Iniziano a frequentarsi correndo certamente dei rischi. Girano per i bar: fa freddo, Sandro non ha neanche un cappotto. Ogni tanto, presso qualche famiglia di operai, mangiano un piatto caldo. Un giorno sotto casa trovano due individui dall'aspetto inconfondibile.

Carla azzarda con prontezza: "...Stiamo cercando il generale tal dei tali" e pronuncia un cognome altisonante.

I due ammiccano immaginando chissà quale tresca tra la giovane e il loro superiore. Un inganno che dura poco. Qualche giorno dopo un telegramma ordina a tutte le questure di fermare una donna alta, bruna, con occhi che non si dimenticano. Carla si fa bionda. Sandro vuole che lei scappi in Svizzera. Lei si rifiuta. Il commento di Pertini sarà: "Allora sei proprio la Carla che cerco". Si sposano l'8 giugno del 1946.

"Se non mi avessero dato il permesso di sposarlo, sarei scappata" rivelò, pochi giorni prima di morire, a Paola Severini (*Le mogli della Repubblica*, Marsilio, 2007).

Lavora nella redazione di *Noi donne*, settimanale dell'UDI e nell'ufficio romano di corrispondenza del *Lavoro Nuovo*, quotidiano di Genova, con lo pseudonimo di Carla Barberis, il cognome della madre. Realizza un'inchiesta sulla prostituzione femminile di grande supporto alla bozza di legge della senatrice Lina Merlin sull'abolizione delle case di tolleranza.

È quando Sandro viene eletto presidente della Camera che Carla lascia le redazioni e riprende i suoi studi grazie ai quali tutta la sua vita di psicologa sarà dedicata ai giovani e alle devianze sociali.

Carla Voltolina è vissuta di luce propria e di un'indipendenza che fece scrivere a Goffredo Parise:

"Quello della signora Pertini è vero femminismo. Dopo l'Italia della famiglia, dei privilegi, finalmente mostriamo un'Italia che valorizza la persona per quella che è, non per la carica che ha".

Anche il suo eccentrico abbigliamento portava tracce delle sue militanze. Un look Voltolina postfemminista. Capelli scuri tagliati sempre corti, grandi scialli, gonne lunghe, pantaloni da militare, calze colorate che nascondevano belle gambe, come ebbe a dire il leader socialista Giacomo Mancini: "...Non ricordo più il discorso che fece a un nostro congresso, ma non ho dimenticato le sue belle gambe".

Carla fu, da giovanissima, una promessa del nuoto. Occhiali da sole o da vista portati con una catenella. Ai piedi sandali o zoccoli, camminava a passi corti, gesticolava, e parlava a mitragliatrice con la sua marcata erre moscia e la cadenza torinese.

Carla cucinava il minimo anche perché Sandro mangiava poco; faceva la spesa a un mercatino vicino Fontana di Trevi.

D'estate il marito se ne andava a spasso per la val Gardena, lei preferiva Nizza dove erano proprietari di un *pied-à-terre*. Eppure lo amò sempre moltissimo, e sempre fu riamata.

Alla morte del Presidente, un funerale senza invitati, gli amici raccontano di Carla Pertini (solo dopo la morte del marito volle usarne il cognome) che piangeva stringendosi al petto l'urna cineraria del suo Sandro. E con quell'urna, avvolta in una vecchia bandiera socialista, si diresse al cimitero di Stella, in Liguria, per farla tumulare nella tomba di famiglia.

8
Francesco Cossiga
Picconatore della Repubblica

"Le BR erano a un passo dalla vittoria..."

"Lei mi chiede se Moro poteva essere salvato. No, non credo. A meno che coloro che lo detenevano non avessero capito due cose che non hanno capito".

Francesco Cossiga fece una pausa, la mano sinistra accarezzò il pugno destro. Alzò lo sguardo e proseguì: "Innanzitutto non hanno capito che erano a un palmo dalla vittoria". Dalla vittoria? "Sì, dalla vittoria. Il 9 maggio del '78, quando è stato trovato il corpo di Moro in via Caetani, era riunita la direzione democristiana. Se non l'avessi interrotta io dicendo che Moro era stato ucciso, certamente la direzione avrebbe deciso la convocazione del Consiglio nazionale. E il Consiglio nazionale certamente avrebbe modificato la linea seguita fino a quel momento e avrebbe chiesto una sua autonomia rispetto al governo. Io immaginavo una cosa del genere, tanto è vero che al mattino andai in piazza del Gesù senza sapere se sarei rimasto in carica. Ero democristiano e se la DC avesse deciso di cambiare linea, si sarebbe dovuto cambiare il ministro dell'Interno...".

Era una mattina dell'estate 1993. Cossiga si era dimesso da un anno e per la prima volta dopo quindici anni diceva che le BR che avevano sequestrato Moro stavano per vincere. Lui e io avevamo avuto scontri durissimi tra il '90 e il '92, quasi inconcepibili, a ripensarci oggi: il capo dello Stato che litiga col direttore del Tg1... Ci incontravamo per la prima volta dal giorno delle sue dimissioni, che avevano preceduto di dieci mesi le mie, e il colloquio destinato al mio libro *Telecamera con vista* (Nuova ERI, 1993) si svolgeva con grande cordialità nel suo studio di senatore a vita a palazzo Giustiniani.

"La seconda cosa che le Brigate Rosse non hanno capito", aggiunse Cossiga, "è come si sarebbe destabilizzato il rapporto tra DC e PCI. Non dimentichiamoci che le ultime lettere di Moro sono una violenta accusa al Partito Comunista e alla Democrazia Cristiana. Moro rimprovera alla DC di aver scambiato l'accordo politico con il PCI per una consonanza ideologica e di aver rinunciato al suo patrimonio umanista e cristiano per far forte l'intransigenza dogmatica e leninista del Partito Comunista".

Anche questa era una lettura completamente inedita del sequestro Moro e delle ragioni che tennero unito il "fronte della fermezza". Ma Cossiga lasciava intuire che si trattava soltanto della punta dell'iceberg e che dopo quindici anni lui non aveva ancora trovato il coraggio di rivelare quanto profondo fosse quel che restava sommerso.

"Occorre una lettura attenta delle lettere di Moro per capire tutto questo. Può darsi che un giorno, se avrò il coraggio... A me parlare di queste cose costa una grandissima fatica...".

Cossiga si interruppe e si accarezzò le mani sfiorandole appena, come se avesse delle piaghe. Aggiunse sottovoce: "Guardi queste macchie sulla pelle, guardi i miei capelli bianchi. Tutto questo non mi è venuto per un motivo futile, è frutto di uno stress... Ringrazio Dio di avermi fatto uscire da questa storia con la testa abbastanza equilibrata. Sa, i miei amici di partito tenevano la linea di fermezza. Io li guardavo e pensavo: per voi è facile. Ma io faccio il ministro dell'Interno. Se Moro muore, è colpa mia...".

Già, le lettere. Per tanto tempo Cossiga pensò, come molti, che il presidente della DC scrivesse sotto dettatura delle BR. Anche quella indirizzata personalmente a lui ("Caro Francesco...") in cui invocava una trattativa per la liberazione. Più tardi si convinse che quelle lettere erano frutto delle convinzioni di Moro: "Io sono un cattolico liberale e resto convinto che lo Stato sia un valore. Lui era un cattolico sociale, di quelli che credono che lo Stato sia una sovrastruttura della società civile. Perciò ha scritto che la dignità dello Stato non valeva l'interesse del suo nipotino Luca…".

Cossiga mi disse di non aver fatto nulla per impedire i contatti tra i rapitori e la famiglia Moro, di escludere qualunque influenza di servizi stranieri (russi o americani) nella gestione dell'affare e di essersi convinto della natura autoctona delle Brigate Rosse e della loro provenienza dall'"album di famiglia" del PCI e della sinistra italiana.

Si convinse, subito dopo il sequestro, che i brigatisti avrebbero ucciso Moro e restò di ghiaccio quando Ugo Pecchioli, "ministro dell'Interno ombra" del PCI gli disse: "Vivo o morto, per noi Moro è morto".

A più di quarant'anni dal sequestro Moro e a più di dieci dalla scomparsa di Cossiga, sulla vicenda esistono ancora molti punti oscuri che nemmeno l'ultima commissione d'inchiesta conclusa nel 2018 ha saputo chiarire. Certo, lo Stato dimostrò una impreparazione spaventosa e Moro avrebbe dovuto essere salvato dall'imponente – ma impotente – apparato di sicurezza che fu messo in piedi. Ucciso Moro, Cossiga – com'era ovvio – si dimise immediatamente portandosi nella tomba, ventidue anni dopo, un inevitabile senso di colpa e forse anche qualche segreto.

Primo della classe, sempre

Francesco Cossiga è stato sempre un primo della classe. Nato nel 1928 a Sassari da una famiglia della buona borghesia, parente di Enrico Berlinguer (le madri erano cugine di primo grado), il giovanotto prese la maturità classica a sedici anni, si laureò in giurisprudenza prima dei venti e a ventidue era già assistente all'Università di Sassari, dove avrebbe guadagnato presto la cattedra di diritto costituzionale. A diciassette anni si iscrisse alla DC. A venti, nel '48, con altri democristiani giovani e meno giovani, fu "armato da Antonio Segni", come avrebbe raccontato lui stesso, con fucili e bombe a mano consegnate dai carabinieri per timore di un "golpe rosso".

Deputato per la prima volta nel '58, nel '66 sottosegretario alla Difesa nel governo Moro, svolse funzioni amministrative all'interno della struttura segreta "Gladio", che come vedremo gli avrebbe procurato tanti guai al Quirinale. "Gladio" era stata attivata nell'immediato dopoguerra in tutti i paesi occidentali dalla CIA e dal Secret Service britannico in funzione anticomunista, e Cossiga aveva imparato a usare le armi da giovanissimo, in una base segreta in Sardegna.

Diventò ministro dell'Interno nel '76 con Moro e vi restò fino al suo sequestro con il governo Andreotti. Fu un biennio tremendo, in cui le manifestazioni studentesche furono spesso vasche in cui nuotavano i pesci rossi del terrorismo.

Andai a trovare Cossiga nel suo studio al Viminale un sabato sera dell'autunno 1977 in cui gli Autonomi devastavano con la guerriglia urbana il centro di Roma e di Milano. Suo brillante segretario e portavoce era il giovane Luigi Zanda Loy, oggi senatore PD, sardo di Cagliari e figlio dell'ex capo della Polizia. Mi colpì la centrale telefonica affiancata alla scrivania del ministro, avveniristica per l'epoca. Con gli anni approfondì la sua passione per l'elettronica, che l'avrebbe portato a far costruire al Quirinale una "Sala situazione" più avanzata di quelle dei corpi armati dello Stato. (Da ex presidente mi disse che le compagnie telefoniche gli mandavano i primi cellulari perché li testasse...).

Erano i tempi in cui sui muri il suo nome era Kossiga. Ebbe la mano pesante con i contestatori, in alcuni momenti forse troppo, come avrebbe riconosciuto lui stesso, ma i movimenti del '68 – che in Italia, unico Paese, duravano da un decennio – stavano andando fuori controllo. "Non posso consentire", disse, "che i figli della borghesia romana uccidano i poliziotti figli dei contadini del Sud".

Un anno dopo la morte di Moro e le sue dimissioni dall'Interno, Cossiga diventò presidente del Consiglio. Il PCI di Berlinguer chiese che fosse messo in stato d'accusa dinanzi al Parlamento per aver rivelato a Carlo Donat-Cattin, capo della sinistra sindacale della DC, che il figlio Marco, terrorista di Prima Linea, era prossimo a essere arrestato. La fonte era Patrizio Peci, uno dei terroristi pentiti più importanti. Cossiga mi disse che Peci era stato scarcerato per attivare la trappola al padre di Marco (tesi condivisa dal generale Dalla Chiesa) e che lui avrebbe detto a Donat-Cattin che allo stato non risultava nulla a carico del figlio, invitandolo comunque a presentarsi alla magistratura. Aggiunse che ne aveva parlato con lo stesso Berlinguer, non pensando che la notizia sarebbe stata usata contro di lui. Fu comunque prosciolto sia dalla commissione inquirente che dal Parlamento in seduta comune.

Il 27 giugno del 1980 precipitò su Ustica un aereo dell'Itavia diretto da Bologna a Palermo. Cossiga è stato sempre convinto che fosse stato abbattuto da un missile francese diretto a un aereo libico che avrebbe avuto a bordo Gheddafi. Ci fu anche la strage alla stazione di Bologna (2 agosto). E qui Cossiga ha sempre rivendicato l'innocenza dei neofascisti Giusva Fioravanti e Francesca Mambro, condannati all'ergastolo, attribuendo la responsabilità dell'attentato ai palestinesi che volevano vendicare il blocco in Italia di un carico d'armi destinato alla guerriglia.

Nel 1984, Ciriaco De Mita, mentore di Cossiga, ne favorì la nomina a presidente del Senato, anticamera del Quirinale.

Lo scontro frontale con la magistratura

Cinque anni dopo il caso Donat-Cattin e uno dopo la morte di Berlinguer, il 24 giugno 1985 Francesco Cossiga veniva eletto Presidente della Repubblica al primo scrutinio. I tentativi di Pertini di ottenere una conferma caddero di fronte al veto di Craxi e alla freddezza dei democristiani, che volevano il ritorno di uno dei loro al Quirinale dato che a palazzo Chigi Craxi sarebbe stato il capo di governo più longevo della Repubblica fino all'arrivo, dieci anni dopo, di Silvio Berlusconi. Quando si riunirono i deputati e i senatori della DC per proporre la candidatura ufficiale del partito, De Mita disse che Cossiga avrebbe potuto farcela subito. Mi raccontò Andreotti di aver resistito a un'offerta comunista di candidarsi. E aggiunse che "Forlani mosse un'obiezione di metodo: riflettiamo, la tradizione non è di votare il Presidente al primo turno. Allora intervenni: se per la prima volta ci troviamo nella condizione di poter eleggere un democristiano al primo turno, un rifiuto sarebbe un peccato contro lo Spirito Santo. Il PCI diede il suo consenso, anche se non tutto il partito era d'accordo con la proposta".

Nei primi cinque anni di mandato il Presidente conservò un eccellente rapporto con i comunisti, pur nella più assoluta discrezione e nonostante la fermezza manifestata contro le iniziative del Consiglio superiore della magistratura, che considerava politicamente inquinata: "La prima volta che ebbi uno scontro con il CSM", mi disse Cossiga, "fu nel 1985, quando questo organismo – che io definii di 'alta amministrazione', senza rilievo politico – voleva approvare una mozione di censura, nei confronti del presidente del Consiglio Bettino Craxi. Io lo impedii, e la direzione del PCI si schierò della mia parte. Il capo dei senatori del PCI, Edoardo Perna, e il giudice costituzionale Alberto Malagugini vennero a comunicarci la loro solidarietà: per carità, mi dissero, difendi le tue prerogative, difendi la divisione dei poteri, sennò qui chissà come va a finire...".

Nel giugno 1990, Cossiga accusò apertamente con una lettera il CSM di aver assunto un carattere politico, ma la guerra con il PCI – dopo una luna di miele durata cinque anni – scoppiò in luglio e sfociò, in autunno, nella richiesta dei comunisti di rinviare il capo dello Stato dinanzi all'Alta Corte per attentato alla Costituzione. Il 20 luglio, Andreotti ricevette a palazzo Chigi il sostituto procuratore veneziano Felice Casson, il quale, indagando sulla strage di Peteano del 1972, sospettava che il terrorista Vincenzo Vinciguerra avesse prelevato l'esplosivo necessario in un deposito gestito da una struttura militare riservata, conosciuta nei codici NATO come "Stay Behind" (Stare dietro le linee) e ribattezzata in Italia "Gladio". Come avrebbe raccontato in seguito in un libro *(Nome in codice Ulisse*, Rizzoli, 1999) l'allora direttore del SISMI Fulvio Martini, nel dopoguerra nacquero in diversi paesi europei strutture segrete dell'Alleanza atlantica incaricate di condurre – nel caso di un'invasione da parte delle truppe del Patto di Varsavia – operazioni clandestine a supporto delle forze regolari, come era avvenuto per la Resistenza contro il Nazismo in Europa.

All'iniziativa, oltre agli Stati Uniti e alla Gran Bretagna, avevano aderito Italia, Francia, Germania Ovest, Belgio, Olanda, Lussemburgo, Danimarca e Norvegia. Tutti Paesi, secondo Martini, che prevedevano di essere occupati nella fase iniziale di un'ipotetica offensiva delle forze sovietiche.

"La prova che esistesse il pericolo di un'invasione", mi disse Andreotti, "ce la diede, dopo la caduta del Muro, lo stesso primo ministro ungherese Antall: quando aveva prestato servizio militare, l'esercito ungherese fece l'esercitazione annuale sul tema: 'Occupazione della Valle padana'". In particolare, come confermò l'ex ministro dell'Interno Paolo Emilio Taviani, i magiari avrebbero dovuto raggiungere Bergamo dopo aver attraversato l'Austria. Pur esistendo un coordinamento centrale, le diverse Gladio nazionali facevano capo ai servizi segreti dei singoli Paesi ed erano ancora attive all'inizio degli anni Novanta. Nel 1988, mentre era presidente del Consiglio, De Mita aveva opposto il segreto di Stato a un'inchiesta del magistrato Carlo Mastelloni che aveva sfiorato Gladio. Andreotti, invece, diede il via libera a Casson. Due settimane dopo averlo incontrato, informò il Parlamento dell'esistenza della struttura e, in ottobre, inviò alla commissione stragi delle Camere l'elenco dei 622 "gladiatori".

Quando la lista dei "patrioti" venne data in pasto ai giornali, la sinistra gridò che finalmente si era scoperto chi stava dietro la "strategia della tensione" e le "stragi di Stato". Cossiga era direttamente coinvolto nella vicenda perché, come abbiamo visto, negli anni Sessanta, giovane sottosegretario alla Difesa, si era occupato dei "richiami" in servizio quando del personale doveva assentarsi dal lavoro. "Roba da fureria" commentò Taviani, ma i comunisti partirono in quarta contro il capo dello Stato. Cossiga fu colto di sorpresa dalle rivelazioni di Andreotti mentre si trovava all'estero. "La mia prima preoccupazione", disse a Paolo Guzzanti, allora giornalista della *Stampa*, "fu di rassicurare i comunisti. Chiamai Occhetto e lo pregai di aspettare il mio ritorno e gli elementi di giudizio che avrei potuto fornirgli per dimostrare che si trattava di una faccenda che aveva radici antiche ed era del tutto legittima... Non ci fu niente da fare".

"In realtà", mi spiegò in seguito Cossiga, "il pci fu colpito dal fatto di non aver mai saputo niente di Gladio. In effetti, aver mantenuto per decenni in Italia un segreto del genere era un miracolo...".

Ma perché un uomo cauto e "atlantico" come Andreotti aveva sollevato il coperchio di una pentola tanto esplosiva? "Una volta venuto fuori il problema", mi disse, "era doveroso e utile fornire tutti gli elementi al Parlamento e all'opinione pubblica". Differente la versione che mi dette Cossiga: "Andreotti era scettico su qualunque cosa riguardasse i servizi segreti e questo tipo di strutture. E poi considerava finita la 'guerra fredda'. Infine voleva evitare che qualcuno all'improvviso gli gettasse questa roba tra i piedi". Un'ipotesi maliziosa fu fatta propria da Montanelli: "Andreotti sapeva benissimo quel che faceva, e lo ha fatto per togliere di mezzo Cossiga e garantirsene la successione al Quirinale accaparrandosi i voti dei comunisti, gli unici beneficiari di questa pantomima".

Le drammatiche invettive contro il Palazzo

Sotto il profilo costituzionale, Cossiga fu molto più interventista di Pertini: rinviò per ben 21 volte (il triplo del predecessore) le leggi alle Camere, non solo per la mancanza di copertura ma si spinse perfino a metterne in discussione la congruità. A conferma di quanto sia fragile la politica italiana, nei suoi sette anni di mandato Cossiga dovette affrontare sei crisi ministeriali che portarono a due governi Craxi, a governi presieduti da Fanfani, Goria e De Mita e agli ultimi due governi Andreotti, prima dello scioglimento delle Camere nel 1992. Per la verità, se Craxi avesse voluto stroncare il PCI, avrebbe dovuto chiedere le elezioni anticipate nel 1990. "Ero pronto a sciogliere le Camere" mi disse Cossiga. "Il cambiamento avvenuto con la caduta del Muro di Berlino era straordinario. D'Alema e Veltroni andarono a trovare Craxi, che era convinto di poter assorbire il PCI in un grande Partito Socialista guidato da lui". Se Andreotti avesse voluto salvare la Prima Repubblica o almeno prolungarne l'agonia, avrebbe dovuto accettare che le elezioni si tenessero nel 1991. De Mita aveva capito che la Lega stava togliendo ossigeno alla DC e voleva anticiparle per scongiurare il taglio della cannula. "Anche quella volta ero deciso a sciogliere le Camere", aggiunse Cossiga, "Forlani era d'accordo. Se ingaggiamo un braccio di ferro con Andreotti, dissi, sono pronto a farlo dimettere. Forlani, però, non se la sentì di forzare. E allora anche Craxi cambiò idea, poiché Andreotti lo aveva convinto che il prossimo turno a palazzo Chigi sarebbe stato il suo".

"Gli ex comunisti ci chiesero di non far sciogliere le Camere" mi raccontò Giuliano Amato. "Non possiamo presentarci alle elezioni con un simbolo nuovo ancora non conosciuto, ci dissero. Quando ne parlai a Craxi, lui mi rispose: 'Non posso essere sempre il Giamburrasca del sistema politico italiano, che si incaponisce da solo a chiedere lo scioglimento delle Camere'".

Alle elezioni politiche del 5 aprile 1992 la DC perse 4,5 punti e 46 parlamentari rispetto al 1987, ma rimase attestata intorno al 30%, distaccando di ben 14 punti il PDS di Occhetto, ridotto al 16%, con 10 punti percentuali e 107 parlamentari in meno rispetto alle elezioni precedenti. Nonostante le prime avvisaglie di "Tangentopoli" il PSI era rimasto stabile. Il MSI, tornato sotto la guida di Fini, aveva portato alle Camere una cinquantina di parlamentari. Ma il successo della Lega, del tutto inatteso per il Palazzo romano, era stato travolgente. Il 9% su base nazionale significava per il partito di Bossi aver preso il 20% a Milano (dove la Lega era diventata il primo partito cittadino, superando la DC di 3000 voti), il 15% a Torino (più del PDS e del PSI), il 17% nel Veneto bianco.

Un autentico terremoto, a cui venti giorni dopo ne fece seguito un altro non meno fragoroso: le dimissioni da capo dello Stato di Cossiga, annunciate con un messaggio televisivo. Se nei primi cinque anni il suo mandato era stato sobrio (con l'eccezione degli attacchi alla magistratura), gli ultimi due furono infernali. Nelle occasioni più disparate, Cossiga partiva in quarta, diventava rosso in volto ed era irrefrenabile. Si dette la colpa a un disturbo ciclotimico: ne era affetto anche Churchill, di cui si rammentano sfuriate memorabili. Per tutto il 1991 il Presidente della Repubblica aveva usato il piccone contro il sistema dei partiti del quale egli stesso era stato espressione. Lo aveva usato sui giornali e in Tv, e quando, come direttore del Tg1, cercai di arginarne qualche eccesso, lo usò senza complimenti anche contro di me. Durante un'intervista gli domandai se non fosse opportuno costruire una nuova casa per la Repubblica prima di demolire la vecchia. Mi rispose che se prima non si fosse demolita questa, non si sarebbe mai aperto il cantiere per costruire l'altra. Riassunse le sue opinioni in un dirompente messaggio inviato alle Camere il 26 giugno 1991: 82 cartelle che furono il certificato di morte della Prima Repubblica.

Dal trauma delle dimissioni in diretta alla morte in solitudine

Cossiga chiese l'elezione diretta del capo dello Stato, il sistema maggioritario uninominale per la Camera dei deputati e l'istituzione di referendum propositivi (e non solo abrogativi, come previsto dalla Costituzione). Denunciò la crisi dei partiti e aprì una fase costituente alla quale il Palazzo non era affatto preparato. Andreotti si rifiutò di controfirmare il messaggio e delegò alla bisogna il ministro Guardasigilli, Claudio Martelli. "Era un messaggio molto profondo", mi disse poi il senatore, "ma suonò come una critica all'intero sistema, e i partiti naturalmente non l'accettavano. Era una curva a U, e si sa che le curve a U sono pericolose, spaventano la gente…".

"Quel messaggio", riconobbe Cossiga in un nostro successivo colloquio, "fu la deflagrazione totale. Uno dei personaggi più eminenti della DC [Antonio Gava, *nda*] venne a dirmi: siamo andati avanti così per cinquant'anni, perché dovremmo cambiare? Risposi: voi non ve ne rendete conto, ma fra poco ci tireranno le pietre per strada. Non avevano capito che il Muro di Berlino era caduto su di noi. Venivano meno le ragioni ecclesiali, storiche e politiche dell'unità dei cattolici. Pochi mesi dopo, la vicenda della mia successione al Quirinale avrebbe segnato la fine di un'epoca, la fine dei Buddenbrook…".

Il capo dello Stato si dimise senza avvertire né Andreotti né De Mita. Per uno dei suoi insondabili guizzi caratteriali, avvertì soltanto il presidente della Camera,

Oscar Luigi Scalfaro, suo nemico irriducibile e critico implacabile negli ultimi anni. Il 25 aprile invitò al Quirinale come testimoni chi scrive, i direttori del Tg2 e del Tg3, e Gianni Letta in rappresentanza delle reti Fininvest. Parlò per 44 minuti. Se il messaggio del 1991 costituiva il certificato di morte della Prima Repubblica, questo ne fu il verbale di sepoltura.

"Il voto del 5 aprile", disse ai telespettatori, "è il vostro colpo di spugna a un sistema politico che non privilegia la scelta dei programmi, ma la mediazione e il compromesso come fini a se stessi;. usa il potere solo per gestirlo... Con questo voto io credo che si sia voluto aprire uno spazio al rinnovamento del nostro sistema politico".

Il messaggio si concludeva con un appello: "Ai giovani io voglio dire di amare la patria, di onorare la nazione, di credere nella libertà e nel nostro Paese". E qui Cossiga pianse. Finita la lettura, ci invitò nel suo studio. Si accasciò su una poltrona e ordinò champagne: "Non sono più Presidente della Repubblica. Pago io". Bevemmo Krug con euforica malinconia.

Pochi minuti dopo scendeva da solo, per l'ultima volta, lo scalone d'onore del Quirinale. Corsi a una finestra per memorizzare quel pezzo di storia. Lo vidi ascoltare con la mano sul petto l'inno nazionale eseguito dal reparto a lui più caro, i granatieri di Sardegna. Quando mosse il primo passo per la rassegna, la fanfara attaccò a sorpresa la *Marcia del principe Eugenio,* la sua preferita. Cossiga si commosse di nuovo ed entrò lesto nell'auto che l'aspettava con la portiera aperta. I turisti del 25 aprile che passeggiavano sulla piazza del Quirinale lo salutarono senza sospettare nulla di quanto era appena accaduto.

Imitando Saragat, uscendo dal Quirinale non abbandonò la politica. Dopo una parentesi di sei anni, nel '98 fondò perfino un partito, l'UDR (Unione Democratica per la Repubblica). Quando Rifondazione Comunista di Fausto Bertinotti fece cadere il governo Prodi, Cossiga fu determinante non solo per far nascere il governo di Massimo D'Alema, ma anche per ottenere da lui garanzie su un nostro intervento militare attivo nella guerra del Kosovo.

Pur con i suoi eccessi, Francesco Cossiga è stato il primo a capire che un'epoca era tramontata per sempre. Spiace che l'isolamento al quale suo malgrado fu costretto nel periodo finale della malattia lo abbia fatto morire in solitudine.

Peppa Cossiga, moglie invisibile

Quando il marito fu eletto Presidente della Repubblica cercarono di fotografarla, ma non vi riuscirono. Donna Peppa si era barricata in casa. E quando si decise a uscire (non si sa in quale giorno e di quale mese) i fotografi avevano già gettato la spugna.

Non esistevano sue foto recenti, ne furono ripescate un paio, vecchie di una ventina d'anni. Una di quando era stata madrina al varo di una nave (chissà chi e come era riuscito a convincerla). Un'altra di quando fu testimone di nozze di un professore sassarese. Colti dalla disperazione, i cronisti avevano cercato quel professore ed erano riusciti a fargli staccare dall'album di matrimonio un'immagine ormai ingiallita. Fu fotografata con un teleobiettivo una sola volta, nel 1985, mentre faceva la spesa. Riprendendo un'anticipazione del mio libro *L'Amore e il Potere* a proposito dell'annullamento rotale delle nozze dei Cossiga, il 16 ottobre 2007 il *Corriere della Sera* la pubblicò.

Chi l'ha conosciuta la descrive "bionda con gli occhi azzurri, bellissima, altera, di carattere forte e anche molto colta". Purtroppo non fui tra questi, come, erroneamente, riferiscono Ermanno Corsi e Piero Antonio Toma nel loro *Quirinale. Amori e Passioni*.

Rino Barillari, *the king of paparazzi*, passò notti intere davanti l'abitazione dei Cossiga nel quartiere Prati. Non solo non riuscì a fotografare la signora Cossiga, ma nemmeno i suoi due figli. Un giorno incrociò un ragazzo in motorino e gli chiese se conoscesse il figlio del Presidente. La risposta fu negativa. Peccato che quel ragazzo fosse proprio Giuseppe Cossiga, il secondogenito.

Francesco e Giuseppa si conobbero a Trieste nel 1955 a un congresso degli universitari cattolici in cui lui era oratore ufficiale. Cossiga 27 anni, la Sigurani 18. Lui insegnava già da due anni diritto costituzionale regionale ed era consigliere d'amministrazione di una banca sarda: si era diplomato a 16 anni e laureato a 20. Giuseppa, nata in una famiglia di farmacisti del Goceano, nella Sardegna centrosettentrionale, di lì a poco sarebbe diventata dottoressa in farmacia.

Anche Giuseppa veniva dal mondo della DC ed era iscritta alla federazione degli universitari cattolici. La FUCI organizzò nel capoluogo giuliano una manifestazione per l'italianità di Trieste a cui entrambi parteciparono. Un anno dopo, nel 1956, ci fu il fidanzamento ufficiale. Nel 1960 si sposarono. Nel 1961 nacque Annamaria, nel 1963 Giuseppe.

Nel 1968 la famiglia si trasferì dalla Sardegna a Roma, e da allora, mai la signora Cossiga ha partecipato alla vita pubblica del marito. Il giorno dell'insediamento al Quirinale non erano presenti né moglie né figli. E così andò per l'intero settennato. "Non è l'ambiente adatto", dissero i figli, "a due giovani in via di maturazione".

I corazzieri non ebbero mai il piacere e l'onore d'imbattersi in donna Peppa. Il figlio Giuseppe andò a Palazzo due sole volte: la prima, subito dopo l'elezione del padre, per un brindisi con gli amici più stretti del Presidente. La seconda perché aveva urgenza di fare una fotocopia: trovandosi nei paraggi pensò bene che il posto più comodo fosse il Quirinale. Gli staffieri di servizio all'ingresso chiesero informazioni in segreteria: c'è un ragazzo che dice di essere il figlio del Presidente. La figlia Annamaria entrò al Quirinale una sola volta. Molto schiva, a un giornalista che le chiese di intervistarla, rispose seccamente: "La Costituzione non prevede la figura della figlia del Presidente della Repubblica".

La signora non si smentì durante un viaggio negli Stati Uniti rimasto famoso. Si era imbarcata in classe economica per andare a trovare la figlia (trasferitasi al seguito del marito, dipendente della Banca Nazionale del Lavoro). Tutta la top class e la business class del volo erano occupate da una delegazione ufficiale dello Stato guidata dallo stesso Presidente della Repubblica. Nessuno sapeva che la consorte fosse su quell'aereo tranne gli agenti del *Secret Service* che, loro sì muniti di fotografie, la presero in carico all'arrivo. Ci fu un funzionario dell'Alitalia che, pur non riconoscendola, ne vide il passaporto diplomatico e provò a spostarla d'ufficio in business. Donna Giuseppa rispose secca e seccata: "Desidero viaggiare nella classe per cui ho pagato il biglietto".

Nel 1993, l'anno successivo alla fine del mandato presidenziale, Francesco e Giuseppa si separarono. Nel 1998 divorziarono ma, entrambi cattolici, non si risposarono mai. Nel 2000 Giovanni Paolo II istituì una commissione speciale del Tribunale della Rota per valutare l'annullamento del matrimonio. Dopo sette anni di istruttoria, la commissione ha pronunciato il giudizio canonico di nullità sanzionato definitivamente dal papa. Ma non servì a molto, non ci furono altri matrimoni. Salvo che per i figli la loro vita coniugale non fu felice, e, come ebbe a dichiarare un'autorità ecclesiastica, "fu vissuta con sofferenza, ma in silenzio con uno stile di grande dignità e compostezza umana e cristiana".

Cossiga, durante il matrimonio, ogni sera era rientrato a casa ma, in realtà, aveva vissuto come un single. Frequentava amici e salotti in una forma anomala di celibato. Al compimento degli ottanta anni il Presidente emerito confidò: "Non ho mai amato parlare delle mie cose private. Sento, però, di dover riconoscere che la madre dei miei figli era molto bella, intelligente, colta e brava. Ha educato benissimo i nostri figli e io l'ho amata tanto".

9
Oscar Luigi Scalfaro
Conservatore protetto a sinistra

Guerra civile nella Democrazia Cristiana

Forlani aveva sempre lasciato capire di non volersi candidare. "Non ho mai desiderato andare al Quirinale" mi avrebbe detto in seguito. E non mentiva. Un po' per carattere ("È difficile capire quando Arnaldo vuole una cosa e quando no" mi disse Antonio Gava quando lo invitai a ricostruire la vicenda) e un po' per convinzione politica: "Non è un caso che il segretario politico della DC non sia mai andato al Quirinale" mi ricordò Forlani, scandendo il nome delle "vittime" illustri: "De Gasperi, Fanfani, Moro, Piccioni...".

Intendiamoci: se fosse stato eletto, non avrebbe certo rifiutato. Ma doveva essere accompagnato sul Colle su una carrozza a sei tiri, come quelle degli ambasciatori stranieri che andavano a presentare le credenziali al papa. Di suo, non avrebbe mosso un passo. Ne sa qualcosa Cossiga, che per un anno intero, prima della scadenza del proprio mandato, l'aveva periodicamente invitato a cena insieme con Andreotti, l'altro candidato.

Cossiga tentò l'accordo, ma inutilmente. "Una sera", mi raccontò, "li lasciai soli a cena perché se la sbrigassero tra loro". Forse aveva ragione Craxi quando mi disse: "Non credo che Forlani fosse contrario. Era solo prudente. Aspettava probabilmente una designazione più convincente". Conoscendo il comportamento dei suoi compagni di partito alle elezioni presidenziali e la ferma opposizione del PDS, sapeva che la cosa non sarebbe stata facile.

Gli schieramenti in campo erano i seguenti. Craxi voleva Forlani al Quirinale perché soltanto in questo modo sarebbe stato certo di tornare a palazzo Chigi. Occhetto non lo voleva per la stessa ragione; inoltre intendeva vendicarsi di Bettino, che aveva preferito inviare alla presidenza della Camera Scalfaro anziché confermare Napolitano (Craxi l'avrebbe fatto in cambio di un accordo per mandare Forlani al Quirinale, ma Occhetto aveva respinto il baratto). Antonio Gava, leader dei dorotei (la maggioranza relativa della DC), voleva Forlani per prenderne il posto di segretario politico, e De Mita, capo della sinistra interna, alla fine lo avrebbe accettato pur di impedire che al posto di Cossiga andasse Andreotti. Paolo Cirino Pomicino, che trafficava per conto di Andreotti, giocava su due tavoli: tentò di convincere Gava a mollare Forlani, paventando che alla segreteria andasse un uomo della sinistra DC; trattò con la sinistra DC perché votasse Andreotti in cambio della segreteria per Martinazzoli.

I repubblicani speravano in cuor loro che dal pasticcio nascesse la candidatura di Spadolini. Bossi aveva riservatamente promesso ad Andreotti i suoi voti, ma si preparava a silurarlo per far scoppiare la crisi nella DC. Pier Ferdinando Casini, giovane amico di Forlani, chiese a Fini i voti del MSI, ma senza che si sapesse prima, com'era avvenuto per l'elezione di Segni e di Leone. Fini gli rispose: se li vuoi, chiedimeli apertamente. E Casini dovette ritirarsi.

Così, il 13 maggio, si arrivò alla prima votazione senza che i gruppi democristiani avessero indicato il loro candidato. Nei primi scrutini votarono per quello di "bandiera": Giorgio De Giuseppe, parlamentare di Maglie e presidente dei senatori DC. "Nel tardo pomeriggio dell'indomani", mi raccontò Andreotti, "Forlani venne nel mio studio a San Lorenzo in Lucina. 'Guarda, Giulio', mi disse, 'io non voglio assolutamente candidarmi. Adesso vado alla sede del partito e preparo la proposta della tua candidatura in modo da sottoporla domani ai gruppi parlamentari'". Il segretario andò a piazza del Gesù e fu messo in minoranza. "Alle nove di sera", proseguì Andreotti, "mi chiamò Gava per dirmi che dai contatti con Craxi si era saputo che il grosso dei socialisti avrebbe votato volentieri Forlani, ma non me". Quella sera stessa Forlani cenò con Craxi e Martelli in casa di Gava. Mentre i tre tentavano di convincerlo, lui se ne stava beato in salotto a guardare in Tv le gagliarde prestazioni del Moro di Venezia nelle regate della Coppa America. Alla fine però, stremato, cedette.

La mattina di sabato 16 maggio a Forlani mancarono 39 voti. I franchi tiratori del quadripartito (i repubblicani erano fuori) furono 77: una ventina di socialisti nemici di Craxi, alcuni uomini della sinistra DC guidata da Clemente Mastella, molti andreottiani. Nel pomeriggio i voti mancanti scesero a 29 e i franchi tiratori a 67: a Forlani non parve vero di ritirarsi.

Questa esperienza traumatica è stata di insegnamento per un'intera generazione di giovani democristiani. Durante una discussione sulle elezioni presidenziali del 2006, Pier Ferdinando Casini mi disse: "Non ripeterei mai con Berlusconi l'errore che Andreotti commise con Forlani. Far mancare i voti decisivi in occasioni come queste non paga mai".

La strage di Capaci porta Scalfaro al Quirinale

Per una settimana Montecitorio si trasformò in un suq. Craxi e Forlani provarono a far votare Giuliano Vassalli, padre del Codice di procedura penale del 1989 e poi giudice costituzionale, ma la candidatura fu respinta a fucilate dalla base democristiana, che affondò subito dopo anche un altro padre della patria, Leo Valiani. Forlani a quel punto rassegnò le dimissioni da segretario della DC e Craxi disse che ormai bisognava limitarsi alle candidature istituzionali. "Capii che non mi avrebbe mai fatto votare", mi disse Andreotti, "quando chiarì che fra queste candidature non doveva essere compresa quella del presidente del Consiglio, cioè la mia".

Spadolini, presidente del Senato, venne affondato da un triplice pregiudizio: era amico di Cossiga, nemico di Craxi (che lo aveva bollato come "la nave ammiraglia della borghesia azionista"), e Occhetto non lo voleva per far dispetto a Eugenio Scalfari, motore di una spettacolare campagna in suo favore su *la Repubblica*.

Oscar Luigi Scalfaro, al contrario, aveva con Craxi un "rapporto di amicizia e di solidarietà politica" come mi disse lo stesso segretario socialista: era stato per anni il fedele ministro dell'Interno. Scalfaro, nel suo partito, era un cane sciolto che aveva il suo albero dalle parti di Forlani. Uomo di seconda fila, se non di terza, veniva ancora ricordato per un celebre schiaffo assestato in un ristorante, negli anni Cinquanta, a una signora vestita in maniera un po' osé. Da giovane era stato magistrato e, quando sembrava che i giudici governassero l'Italia, dal Quirinale non mancò di dire che per tutta la vita si era sentita la toga attaccata alla pelle.

Astutissimo e spregiudicato, Scalfaro conosceva come nessun altro il retrobottega e le sentine del suo partito. Arrivò così alla presidenza della Camera facendo infuriare Cossiga – da lui attaccato senza misericordia durante le esternazioni presidenziali – guadagnandosi la simpatia della sinistra. Cossiga lanciò un allarme inascoltato: "Sciagurati, avete eletto insieme il presidente della Camera e il prossimo capo dello Stato!". "Il nome di Scalfaro fu sostenuto per primo da Marco Pannella", mi disse Andreotti, "proprio per le sue critiche al Quirinale".

Si era arrivati al pomeriggio di sabato 23 maggio. Forlani si era ritirato una settimana prima e Andreotti aveva invitato Martelli nel proprio studio, per chiedergli i voti dei socialisti, quando gli telefonò Enzo Scotti, allora ministro dell'Interno: c'era stato un attentato contro Giovanni Falcone, il magistrato che proprio Martelli aveva portato al ministero della Giustizia come direttore generale degli Affari penali. Subito dopo arrivò una seconda telefonata: Falcone era morto.

Nino Cristofori, sottosegretario di Andreotti alla presidenza del Consiglio, sollecitò immediatamente un incontro a Claudio Petruccioli, braccio destro di Occhetto. "Lui e il suo capo", mi raccontò Petruccioli, "interpretavano la strage di Capaci come un'azione contro Andreotti, un modo per sbarrargli la strada per il Quirinale". Contemporaneamente Stefano Andreani – un giornalista amico del presidente del Consiglio e membro dello staff di palazzo Chigi – faceva lo stesso discorso a Luciano Violante, allora vicepresidente dei deputati del PDS.

"Fu Violante a dirmi", mi spiegò Andreani, "che dopo quanto era accaduto la candidatura di Andreotti doveva considerarsi tramontata. Io stesso lo davo per scontato. Violante mi disse che a quel punto saremmo andati su una candidatura istituzionale. Io, anche a nome di Andreotti, gli proposi Scalfaro. Lui mi disse che era d'accordo, ma la maggioranza del suo partito parteggiava per Spadolini. Eppure, in quei giorni girava a palazzo Chigi una tabellina preparata dai collaboratori di Andreotti in cui si dimostrava che se il presidente si fosse candidato, sarebbe stato eletto da uno schieramento trasversale. Gianfranco Miglio aveva promesso i voti leghisti...". Ma era una trappola orchestrata da Bossi.

Malgrado tutto, se in quel tragico giorno la DC avesse imposto Forlani o lo stesso Andreotti, gli altri partiti – compreso il PDS – non avrebbero probabilmente battuto ciglio. Non lo fece, e il lunedì mattina, giorno dei funerali di Falcone, il povero Spadolini era ancora convinto di essere lui il designato. Mentre volava a Palermo per partecipare alle esequie, confidò a Scotti: "Stanotte ho lavorato per scrivere il messaggio da leggere dopo l'elezione al Quirinale". Nessuno aveva avuto il coraggio d'informarlo che nella notte, su proposta di Forlani (che volle anticipare un'identica mossa di Occhetto), la DC aveva designato Scalfaro.

Così, mentre la chiesa di San Domenico a Palermo ribolliva di umori violenti contro lo Stato, il capo della polizia, Vincenzo Parisi, accostò leggermente la testa brizzolata a quella di Scotti. "Ministro, a Roma hanno deciso per Scalfaro. Anche Occhetto è d'accordo...". Scotti sussurrò la notizia all'orecchio di Spadolini, che scosse il gran corpo come per una drammatica scarica elettrica e si rabbuiò. La sua corsa per il Quirinale era finita a un metro dal traguardo.

Il 25 maggio 1992 Scalfaro veniva eletto con 672 voti: votarono per lui tutti i partiti tranne la Lega che preferì il suo candidato di bandiera Gianfranco Miglio, il MSI che votò per Cossiga e Rifondazione Comunista che scelse lo scrittore Paolo Volponi.

Dalla pena di morte ai fascisti alla furia di Tangentopoli

Nato a Novara nel 1918, Scalfaro si laureò in giurisprudenza nel '41 alla Cattolica di Milano e nel '42 entrò in magistratura restandovi durante la Repubblica sociale italiana. Passato tra gli antifascisti, nel maggio del '45 fu vicepresidente del Tribunale del popolo di Novara (un organo eletto dal CLN) e da giugno fece parte delle corti d'assise straordinarie che dovevano giudicare i reati commessi dai fascisti. Fu membro del *pool* di pubblici ministeri che chiesero e ottennero la condanna di sei fascisti che furono fucilati. Tra questi c'era Enrico Vezzalini, prefetto a Ferrara e a Novara, accusato di repressioni crudeli, ma anche Domenico Ricci, un brigadiere di pubblica sicurezza che nelle lettere alla famiglia ha sempre giurato di morire innocente (Scalfaro smentirà le molte fonti che riportano la sua partecipazione al processo Vezzalini). La famiglia Ricci abitava nello stesso stabile di Scalfaro a Novara e la figlia di Domenico gli chiese se il padre fosse colpevole. Sul momento il magistrato disse alla bambina : "Tuo padre è in Paradiso e prega per te". Dieci anni dopo che *Il Giornale* aveva sollevato il caso, nel 2006 a Pierangelo Maurizio che gli chiedeva chiarimenti per AdnKronos, Scalfaro rispose: "Lo interrogai. Era colpevole? Non lo so". E ripensò al clima tremendo in cui quei processi venivano celebrati. Nell'autunno del '45 chiese "con vigoria ed efficacia" (*Corriere di Novara*) la condanna a morte di un altro fascista, Salvatore Zurlo, che poi fu commutata in una pena a trent'anni di carcere dopo un ricorso che Scalfaro sostenne di aver suggerito all'imputato, che diventarono sei per l'amnistia di Togliatti.

Abbandonò la magistratura nel '46 per l'attività politica che lo portò in Parlamento a partire dall'Assemblea costituente. Iscritto all'Azione Cattolica, il cui distintivo ha sempre portato sul bavero della giacca, Scalfaro ha fatto parte costantemente della corrente più a destra della DC, da quella di Mario Scelba al gruppo guidato da Mariotto Segni che nel '77 invitò la DC a troncare ogni rapporto con i comunisti. Restò in ombra fino all'83 quando diventò il fedele ministro dell'Interno di Craxi.

Il destino volle che proprio a Craxi dette il primo dispiacere, una volta salito al Quirinale. Il 15 giugno Mario Chiesa, il presidente del Pio Albergo Trivulzio, arrestato in febbraio per tangenti, disse ai magistrati di aver barattato il suo ruolo con il finanziamento della campagna elettorale di Bobo Craxi, figlio di Bettino. Una violenta campagna di stampa contro il leader socialista convinse Claudio Martelli che avrebbe potuto prenderne il posto come candidato a palazzo Chigi, tirandosi dietro come vice Enzo Scotti. I due salirono al Quirinale e poco dopo Scalfaro fece sapere a Craxi che erano andati a candidarsi. Secondo i due, invece, era stato il capo dello Stato a fare la proposta. Craxi era ormai bruciato, ma uscendo furibondo dal Quirinale disse di aver proposto a Scalfaro Amato, De Michelis e Martelli, "non solo in ordine alfabetico".

Amato diventò presidente del Consiglio, ma fu abbattuto presto da Tangentopoli che fece dimettere sei ministri del suo governo. L'architetto Silvano Larini, costituitosi il 7 febbraio 1993 a Ventimiglia, confessò di aver distribuito 25 miliardi di tangenti a democristiani, socialisti e comunisti. Un terzo era stato consegnato nell'ufficio milanese di Craxi. Durante la rivolta popolare che ne seguì, Antonio Di Pietro – icona del *pool* di pubblici ministeri milanese dell'inchiesta "Mani pulite" – disse: "Dobbiamo trovare una soluzione". Incoraggiato, il governo varò alcuni decreti che tra l'altro stabilivano di estendere agli imprenditori che pagano tangenti l'obbligo di restituire il triplo della somma, come previsto per i funzionari corrotti. In questo modo veniva a cadere lo stimolo alla confessione di industriali che si consideravano vittime della corruzione (ma spesso l'avevano cercata) e uscivano "gratis" dal processo dopo aver parlato. Per il rischio di vedere seccare la sorgente delle confessioni (parla e va a casa tranquillo), il *pool* Mani Pulite andò in televisione a dire che i decreti uccidevano la giustizia. Amato si trovò in mano fogli di carta senza padre e Scalfaro, cuor di leone, si guardò bene dal firmarli.

Quando Amato si dimise, il capo dello Stato avrebbe dato volentieri l'incarico a Romano Prodi, l'uomo politico da lui più stimato. Ma in quel momento l'opinione pubblica preferiva Mariotto Segni, protagonista di una battaglia in favore del sistema maggioritario che col referendum del 9 giugno 1991 aveva compiuto un piccolo passo in avanti con l'abrogazione plebiscitaria delle preferenze multiple dei candidati alle elezioni politiche. Scalfaro caldeggiò la scelta di Segni come vice di Prodi, ma Mariotto commise un peccato di presunzione: voleva essere lui il premier. Il progetto cadde e a palazzo Chigi andò il governatore della Banca d'Italia Carlo Azeglio Ciampi.

Cade la Prima Repubblica, Scalfaro contro Berlusconi

Il 19 gennaio 1994, dopo le dimissioni di Ciampi e vista la mannaia che aveva decapitato i partiti di governo, Scalfaro sciolse le Camere e indisse le elezioni per domenica 27 marzo. L'unico che apprezzò tanta fretta fu Achille Occhetto: il capo dello Stato voleva evidentemente uccidere nella culla qualunque tentativo di innovazione, a cominciare da quello – ancora non annunciato, ma sulla bocca di tutti – di Silvio Berlusconi. La stessa DC, sconfitta in modo drammatico alle ultime elezioni amministrative, aveva bisogno di tempo per riprendere fiato dopo aver deciso di cambiare nome.

Ma Scalfaro era sotto schiaffo, e in Italia, quando un'istituzione è sotto schiaffo, si sceglie il guardaspalle a sinistra, Bottegone o Botteghino che sia. Il Presidente della Repubblica era preoccupato dal 28 ottobre, quando Maurizio Broccoletti, ex direttore amministrativo del SISDE (il servizio segreto che si occupava degli affari interni), dopo trentasette giorni passati in silenzio nel carcere militare di Forte Boccea aveva parlato. Arrestato con altri quattro colleghi per l'appropriazione indebita di 14 miliardi dei servizi segreti, al magistrato aveva detto che, una volta scoperto l'ammanco, i cinque avevano promesso di restituire le somme in cambio della chiusura della vicenda. Assicurazioni in questo senso, aveva aggiunto Broccoletti, erano state date dal capo della polizia Parisi, dal ministro dell'Interno Mancino, dal presidente del Consiglio dell'epoca Amato e persino dal Presidente della Repubblica Scalfaro. Tutti, naturalmente, smentirono con energia. Ma sei giorni più tardi Scalfaro si trovò in grossa difficoltà. Il 3 novembre, infatti, il cassiere del SISDE Antonio

Galati rivelò che, dal 1982 in poi, era abitudine dei servizi segreti garantire ogni mese in forma riservata ai ministri dell'Interno una somma di 100 milioni di lire. Il solo che aveva rifiutato, si seppe poi, era stato Fanfani. Non Scalfaro, ministro dell'Interno con Craxi per quattro anni e, quindi, percettore di alcuni miliardi.

La sera stessa del 3 novembre 1993, alle 22.30 la Rai dovette sospendere la trasmissione di una partita di calcio per mandare in onda un discorso a reti unificate del capo dello Stato. Fu il famoso messaggio del "Non ci sto": "A questo gioco al massacro io non ci sto" disse arrotando le erre in un gorgoglio d'indignazione. "Io sento il dovere di non starci e di dare l'allarme... Il tempo che manca per le elezioni non può consumarsi nel cuocere a fuoco lento, con le persone che le rappresentano, le istituzioni dello Stato".

Il Presidente non disse una parola sulla storia dei 100 milioni, ma gli addetti ai lavori – la cui missione assomiglia a quella degli archeologi che decrittarono l'alfabeto egizio – capirono che il capo dello Stato si chiamava fuori dalla storia del SISDE. E invece no. Perché sei mesi dopo, mentre al processo SISDE il suo nome veniva fatto tutti i giorni, Scalfaro lanciò dal santuario di Oropa un altro messaggio: "Sfido chiunque a dimostrare che chi è stato ministro dell'Interno, e non solo io, ha speso una lira fuori dei fini istituzionali". I soldi, dunque, li aveva presi, ma assicurava di averli spesi bene.

In ogni caso, nei mesi che separavano il Paese dalle elezioni, Scalfaro era debolissimo. L'alternativa era tra sostituire il capo dello Stato subito dopo il voto (si faceva il nome di Ciampi, con Prodi a palazzo Chigi) o lasciarvelo in balia del vincitore annunciato, Achille Occhetto. "Quando mi accorsi che Occhetto puntava a palazzo Chigi", mi avrebbe confidato Nino Andreatta, "un brivido mi attraversò la schiena".

Il 27 marzo 1994 il Popolo della Libertà e il Polo del Buongoverno vinsero le elezioni. Berlusconi riuscì nel miracolo di mettere insieme il leader del MSI, Gianfranco Fini e quello della Lega Nord, Umberto Bossi che quasi non si salutavano. Il centrodestra sfiorò il 43% dei voti contro il 34% dell'Alleanza dei Progressisti e il 16% del Patto per l'Italia di Segni e dei Popolari. La DC era uscita dalla Camera con 206 seggi e vi rientrava con 46 contro i 164 dei Progressisti e i 293 del centrodestra.

Alla immediata vigilia delle elezioni, arrivarono ordini di arresto per Marcello Dell'Utri, capo di Publitalia e della campagna elettorale di Berlusconi e per altri dirigenti Fininvest. Il capo dello Stato tardò a dare l'incarico al Cavaliere – che rappresentava il suo opposto e che detestò da subito – per gli oggettivi timori di conflitto d'interesse, ma soprattutto, come scrivono nel volume già citato Mammarella e Cacace, in un ritratto pure assai benevolo verso Scalfaro, "nasce il sospetto che l'indugio nel conferirgli l'incarico fosse in rapporto con qualche fatto nuovo che creasse ostacoli all'investitura".

Quando dovette arrendersi, Scalfaro fece due mosse. Una giusta (l'avvocato di Berlusconi, Cesare Previti, non poteva diventare ministro della Giustizia e fu dirottato alla Difesa). Una clamorosa e del tutto irrituale: scrisse al presidente del Consiglio una lettera di galateo istituzionale alla quale Giuliano Ferrara, ministro per i Rapporti con il Parlamento, rispose per le rime con il suo linguaggio elegante e burrascoso.

Ribaltone di Bossi, trappola di Scalfaro

Il governo era in piedi da solo sei mesi quando, la sera di lunedì 21 novembre 1994, due ufficiali dei carabinieri consegnarono a palazzo Chigi una busta gialla che conteneva un invito a comparire a Berlusconi per corruzione di alcuni finanzieri. Il Cavaliere sarebbe stato assolto in via definitiva nel 2001, ma la mossa della procura di Milano fu il colpo mortale al suo governo perché l'indomani la notizia uscì sul *Corriere della Sera* mentre il presidente del Consiglio presiedeva a Napoli un convegno promosso dall'ONU sulla criminalità organizzata. Scalfaro non aveva alcun titolo per conoscere in anticipo un provvedimento coperto dal segreto investigativo. Ma fu certamente informato da Borrelli almeno al mattino, anche se Roberto Maroni, ministro dell'Interno, dirà quattro anni dopo alla *Prealpina* di Varese che il capo dello Stato sapeva tutto addirittura da qualche giorno.

215

Tra l'estate e l'autunno del '94 Bossi, D'Alema e il segretario dei Popolari Rocco Buttiglione decisero di fare la festa al Cavaliere. S'incontrarono in segreto nella modesta abitazione romana del Senatùr mangiando una volta pane e sardine e la seconda i panini portati dal segretario del PDS. Il 21 dicembre, la Lega tolse l'appoggio al governo e Berlusconi cadde. Chiesi a Bossi perché avesse fatto il "ribaltone": "Perché mi ha garantito Scalfaro" mi rispose. Mi raccontò che era stato chiamato al Quirinale, aveva espresso i timori della Lega in caso di elezioni anticipate ed ebbe la garanzia del Presidente che non ci sarebbero state ("Ero di casa al Quirinale in quel periodo" mi disse sorridendo Maroni).

La sera del 12 gennaio 1995 Silvio Berlusconi mi anticipò, perché lo annunciassi al Tg1, che Lamberto Dini, ministro del Tesoro nel governo dimissionario, avrebbe costituito il nuovo gabinetto, in assoluta continuità con il suo.

"L'accordo con Scalfaro", aggiunse, "prevede due clausole. La prima è che si vada al voto l'11 giugno, accorpando le elezioni politiche anticipate alle regionali. La seconda è che Dini si limiti a tre punti: nuova legge elettorale regionale, manovra economica, legge sulla par condicio televisiva".

Scalfaro e Berlusconi si erano incontrati quel mattino al palazzo della Cassazione per l'inaugurazione dell'anno giudiziario, dove nella sua relazione il procuratore generale Vittorio Sgroi aveva lasciato intendere che, se i magistrati del *pool* di Milano non fossero stati intoccabili, lui non avrebbe mancato di esercitare l'azione disciplinare (Gli chiesi in seguito che cosa significasse "intoccabili" e lui mi rispose: "Un giorno lontano le dirò". È morto prima di poterlo fare). Alla fine della cerimonia, Scalfaro aveva chiesto a Berlusconi di accompagnarlo al Quirinale e, in un colloquio a quattr'occhi conclusosi inopinatamente con abbracci e baci, i due avrebbero stretto l'accordo.

L'indomani, 13 gennaio, il presidente del Consiglio salì nuovamente al Colle: al colloquio assistettero stavolta anche Gianni Letta e il segretario generale del Quirinale, Gaetano Gifuni. I termini dell'accordo furono ribaditi con una sola variante: Scalfaro avrebbe voluto Cossiga al posto di Dini, ma se Berlusconi avesse insistito su Dini, il capo dello Stato non avrebbe sollevato obiezioni. Per stabilire il giorno della scadenza elettorale (11 giugno) fu perfino consultato un calendario da tavolo. E quando il Cavaliere chiese garanzie formali sulla data, Scalfaro rispose: togliete la fiducia al governo e si voterà.

La sera stessa Dini salì al Quirinale per l'incarico e il capo dello Stato comunicò che i referendum fissati per la primavera successiva sarebbero stati rinviati in seguito allo scioglimento delle Camere. Del voto dell'11 giugno Scalfaro avrebbe parlato anche con Cossutta e Bertinotti.

Quando, la sera del 13 gennaio, Berlusconi apprese dal telegiornale che il presidente incaricato Dini si impegnava anche a varare un provvedimento complesso come la riforma delle pensioni, saltò sulla sedia. Seppe poi che era stato Scalfaro a chiederlo, e Dini tranquillizzò il Cavaliere confermando i termini del suo mandato e proponendo come garanzia a Gianni Letta di mantenere l'incarico di sottosegretario alla presidenza del Consiglio.

Due giorni dopo, però, le cose erano completamente cambiate: Scalfaro aveva posto il veto su Letta perché la sua presenza avrebbe garantito continuità con il governo precedente e lui, dopo averla promessa, non la voleva. Aveva bocciato tutti i nomi proposti dal Cavaliere e, in compenso, si era messo personalmente al telefono per stilare una lista dei ministri per nulla gradita a Berlusconi. "Bene, allora il governo non si fa" disse il Cavaliere a Dini il 15 gennaio. La sera stessa Dini chiamò Scalfaro per comunicargli che, forse, avrebbe rinunciato. Lui lo pregò di aspettare e andò a prendere nell'armadio la divisa di Diabolik. Poi telefonò a Cossiga per proporgli la presidenza del Consiglio, ma lui rinunciò quando seppe che Scalfaro aveva già pronta la lista dei ministri. Allora il capo dello Stato cercò D'Alema, che era ospite della trasmissione televisiva di Luciano Rispoli. Da un camerino il leader del PDS chiamò Dini e gli disse: "Se lei accetta, avrà tutto il nostro appoggio". E Dini fece il ribaltone.

Protezione a Prodi, sofferenza per il "comunista" D'Alema

Il governo Dini-Scalfaro durò poco più di un anno. D'Alema si rendeva conto che l'Italia aveva bisogno di riforme profonde (da allora è passato un quarto di secolo senza che quasi nulla sia cambiato). E sapeva che non era possibile farle senza una opposizione che rappresentava metà del Paese. D'accordo con Berlusconi, tentò la soluzione bipartisan di un governo presieduto da Antonio Maccanico. Il 22 gennaio 1996, nella prima puntata di "Porta a porta", Romano Prodi – candidato a un ancora ipotetico governo di centrosinistra – era fortemente in pericolo. Ma due giorni dopo Vittorio Feltri fece uno scherzo mortale al Cavaliere. *Il Giornale*, della famiglia Berlusconi, da lui diretto, rivelò il patto segreto con D'Alema e quella sera stessa l'incontro tra i due a "Porta a porta" – immaginato per verificare la consistenza del patto – ne sancì il fallimento.

Il governo Prodi nato dalle elezioni del 21 aprile 1996 nacque subito debole per la presenza determinante di Rifondazione Comunista. Scalfaro gli dette tutto l'appoggio possibile. Nel 1998 la bozza di riforma costituzionale varata dalla commissione bicamerale presieduta da D'Alema prevedeva la separazione delle carriere tra magistrati del pubblico ministero e quelli giudicanti. L'Associazione nazionale magistrati insorse e Scalfaro le dette piena copertura. Il capo dello Stato tentò di arginare in ogni modo la fragilità del governo. Quando nell'autunno del '97 Prodi cadde una prima volta per mano di Bertinotti, con un nuovo intervento irrituale, Scalfaro disse: "È incosciente chi mette i bastoni tra le ruote del Paese per seguire interessi di parte". Parole condivisibili, ma non in bocca al capo dello Stato che deve mantenersi estraneo alle dispute politiche. La maggioranza si ricompose con la promessa che anche in Italia sarebbe stata introdotta la settimana lavorativa di 35 ore come in Francia. Ma la fragilità politica persisteva. Mammarella e Cacace segnalano un vertice del tutto irrituale nel marzo 1998 al Quirinale del Presidente della Repubblica con Prodi e i ministri economici, dedicato al problema della disoccupazione a testimonianza dell'attenzione (e dell'apprensione) con cui Scalfaro seguiva i punti più delicati dell'attività di governo. Prodi cadde definitivamente il 21 luglio 1998, perché al dissenso di Rifondazione si aggiunse quello del nuovo partito di Francesco Cossiga.

Un accordo tra D'Alema e Franco Marini, segretario dei Popolari, prevedeva che il primo andasse a palazzo Chigi e un democristiano (magari Marini stesso) al Quirinale l'anno successivo. Scalfaro rispolverò il suo antico anticomunismo e soffrì immensamente nel conferire l'incarico al "comunista" D'Alema, sorretto da Cossiga che si fece garante dei bombardamenti italiani nella guerra del Kosovo. Il patto con Marini non fu tuttavia onorato e al Quirinale andò Carlo Azeglio Ciampi.

Scalfaro fu il Presidente più interventista in politica interna (insieme con Giorgio Napolitano) e il più presenzialista: ha partecipato a 823 manifestazioni, di cui 320 fuori Roma. Ha ricevuto al Quirinale 65mila persone: cinquemila più di Pertini, che è tutto dire. Si aggiunga la frenetica attività diplomatica: 85 viaggi all'estero e l'incontro con 142 capi di Stato. Dei sei presidenti del Consiglio che hanno giurato nelle sue mani (Amato, Ciampi, Berlusconi, Dini, Prodi, D'Alema), solo con uno ha avuto una rottura costante. E sapete chi è...

Marianna Scalfaro, potentissima e riservata

Marianna Scalfaro, figlia del Presidente, la "Signorina", così la chiamavano al Quirinale, in alternativa a *first miss*, è stata donna schiva e riservata. Il suo è stato un personaggio opposto alla prima donna. Mai un'intervista, una dichiarazione. "Mi dispiace, ma non ho nulla da dire" la sua risposta canonica. Eppure è stato il consigliere più ascoltato del Presidente.

"Sentiamo prima mia figlia", amava ripetere Scalfaro, "è lei che comanda". Così nel momento più difficile del settennato, quando il capo dello Stato fu bersagliato di accuse per i fondi riservati al SISDE, arrivarono le foto della figlia mentre passeggiava in centro, in giro per negozi di arredamento, con l'architetto Adolfo Salabè, coinvolto nelle polemiche. Marianna neanche allora disse una parola, nemmeno per difendersi da attacchi velenosissimi. "Aveva capito di essere lei, la *first miss*, la donna sulla quale qualcuno voleva far scivolare il nono Presidente della Repubblica" (Sebastiano Messina, *la Repubblica*, 7 marzo 1999).

Marianna si chiama, in realtà, Gianna Rosa. Il cambio di nome fu il frutto di una dolorosissima pagina familiare. Tutto era iniziato con un amore tenero e giovane. Oscar Luigi era figlio di un funzionario calabrese delle Poste trasferitosi a Novara, dove aveva sposato una giovane piemontese. Da ragazzo conobbe Mariannuzza, figlia di una coppia "gemella": gli Inzitari. Calabrese lui, trasferitosi in Piemonte per lavorare alle Poste, piemontese lei.

Oscar e Mariannuzza si fidanzarono giovanissimi e si sposarono il 26 dicembre 1943. Lui, venticinquenne, aveva vinto il concorso in magistratura, lei diciannovenne aveva appena preso la licenza liceale. "Erano felici", raccontava nel 1992 Angela Borrini, una zia di Mariannuzza, all'inviato di *Gente* Gaspare Di Sclafani, "si guardavano negli occhi con tanta tenerezza. Non è stato un matrimonio fastoso, si era in piena guerra, in chiesa si gelava...".

Meno di un anno dopo, il 27 novembre 1944, nacque una bambina. Gli sposi ne dettero l'annuncio così: "È nata Gianna Rosa. Mariannuzza e Oscar Luigi, riconoscenti a Dio la innalzano e, felici per l'immenso dono, ne rendono il festoso annunzio". La gioia durerà poche ore. Mariannuzza non superò le complicazioni del parto e morì a vent'anni, diciassette giorni dopo aver dato alla luce la figlia. Il marito, con un gesto dolcissimo, chiese che il nome della figlia fosse cambiato in Marianna.

Scalfaro non si è mai risposato e Marianna non ha mai avuto una madre, né, in seguito, un marito. Non è difficile quindi comprendere il legame strettissimo con il padre, al quale lei, che gli somigliava tanto anche fisicamente, ha dedicato tutta la vita.

"Marianna è una ragazza cresciuta senza madre, e che non ha mai pensato di lasciare il padre", ha raccontato don Giuseppe Caccami, un sacerdote amico di famiglia, "e il Presidente Scalfaro è cresciuto portandosi dentro la ferita della morte della moglie, che ha sublimato con la fede. Con Marianna ha avuto un rapporto bello e profondo...".

Quando fu eletto Presidente, nel 1992, Oscar Luigi Scalfaro decise di non abitare al Quirinale. Rimase con Marianna in via Serafini, al Forte Bravetta, periferia romana: oltre mezz'ora di auto dal Quirinale.

Ma il palazzo dei Papi divenne da subito anche l'ufficio di Marianna. La "signorina di ferro", questo il titolo definitivo che si guadagnò durante il settennato, aveva un appartamentino accanto a quello paterno dove accoglieva, senza servitù, gli ospiti di riguardo che non volevano farsi vedere al Quirinale, da Giovanni Agnelli a Massimo D'Alema. Stimata anche da persone insospettabili come Francesco Cossiga, ha avuto un'influenza fortissima sul padre. Quasi nulla, nella vita del Palazzo e degli avvenimenti salienti della Repubblica, è sfuggito all'esame, all'approvazione o al dissenso di questa donna giovane, vigorosa, grande fumatrice, sempre disponibile, psicologa volontaria nelle situazioni di emergenza, ombra discreta e perenne di un padre sempre alla ribalta.

Durante gli anni al Quirinale si è anche preoccupata di tagliare le spese di gestione (mai abbastanza), ordinando, per esempio, che i fiori fossero acquistati al mercato e non da un pregiato fiorista. Ha passato in rassegna la cucina, rimanendo indifferente alle critiche, espresse sottovoce, sulla parsimonia di cibo usata ai "pranzi". Anche perché suo padre propendeva per una cucina semplice, caratterizzata in privato dalla presenza del peperoncino. E qui c'era tutta la sua Calabria. Per discendenza piemontese, il Presidente aveva, però, un debole per i funghi.

Marianna decise anche di rivedere l'arredamento e le tappezzerie del Palazzo, che nella parte residenziale era disabitato ormai da venti anni. E fu in quell'occasione a essere fotografata con l'architetto Adolfo Salabè che le stava dando una mano. Salabè era gentiluomo di Sua Santità e titolare della ditta che si occupava della maggior parte delle ristrutturazioni per conto dei servizi segreti. La loro amicizia risaliva a quando Oscar Luigi Scalfaro fu ministro dell'Interno.

Altre foto sulla vita privata di Marianna non sono mai uscite. Molto la turbò la vicenda dello stalker

Umberto Bernardini. A maggio del 2013 l'uomo, 55 anni, arrivò ripetutamente indisturbato a pochi metri dall'ingresso dell'abitazione della famiglia Scalfaro, dando fuoco al videocitofono e lasciando un'immagine sacra nella cassetta delle poste. Le modalità delle numerose apparizioni dell'uomo fino ad allora erano rimaste circondate dal mistero: gli inquirenti ebbero anche il sospetto che Marianna Scalfaro fosse finita nel mirino di un terrorista intenzionato a compiere un gesto eclatante. A rendere in quel momento il quadro ancora più complicato fu anche il carattere estremamente riservato della Signorina.

Furono evocati i fantasmi degli anni Novanta quando ai tempi del Quirinale si disse che Marianna Scalfaro avesse ricevuto minacce dalla Falange Armata.

Si scoprì che a ossessionarla nel 2013 era un uomo con precedenti di stalkeraggio, ma mai verso un bersaglio pubblico. Fu rinviato a giudizio, ma lei non volle comparire come parte offesa.

Tutti dicevano di lei che cercava di rendersi invisibile, ma forse nessuna più di lei "presiedette" al fianco di un Presidente. Record di missioni, forse imbattuto, quello di Oscar Luigi Scalfaro: circa 100 viaggi all'estero e 341 visite in Italia. E lei sempre accanto a lui.

10
Carlo Ciampi
Il Presidente
che ha sdoganato la patria

Marini nella trappola di D'Alema e Berlusconi

Carlo Azeglio Ciampi, eletto al primo scrutinio il 13 maggio 1999, in realtà era stato candidato da Walter Veltroni esattamente due mesi prima, il 13 marzo, con un'intervista a *la Repubblica*. Dini, suo storico nemico in Banca d'Italia, tentò di bruciarlo subito: "È il candidato dell'estrema sinistra" gridò.

Ma il più preoccupato era Marini, ancora segretario del PPI. Il prezzo che D'Alema aveva concordato con lui per andare a palazzo Chigi era che, per la terza volta consecutiva – dopo Cossiga e Scalfaro – un democristiano andasse al Quirinale. L'inattesa promozione del segretario dei DS non era stata indolore. I fax di piazza del Gesù rigurgitavano d'insulti: "Vi siete venduto il partito!" e via dicendo. E lui doveva dimostrare che ne era valsa la pena. Così, quando lesse l'intervista di Veltroni, sollecitò immediatamente un incontro con il nuovo segretario dei DS alla presenza di D'Alema e di Sergio Mattarella, vicepresidente del Consiglio. Si videro il 18 marzo a cena in casa di Veltroni e fu subito chiaro che i DS non avrebbero mai votato per il presidente del Senato Nicola Mancino. Due gli addebiti che gli facevano: piaceva a Berlusconi ed emanava l'odore stantio della Prima Repubblica. In compenso, però, avrebbero votato Rosa Russo Jervolino. Marini e Mattarella accettarono. E quella sera persero il Quirinale. Se avessero detto: votiamo Mancino con chi ci sta, per i DS sarebbe stato difficile bocciare pubblicamente l'uomo che ricopriva la seconda carica dello Stato. Berlusconi si sarebbe aggregato in nome della candidatura istituzionale e alla fine anche Fini e Casini, che non volevano Mancino, avrebbero fatto buon viso a cattivo gioco. Con la Jervolino le cose si complicavano. "Non voteremo mai uno Scalfaro in gonnella" disse subito Berlusconi. E aveva già la carta di riserva: Ciampi, per l'appunto. L'aveva incontrato fin dal mese di marzo in privato e gli aveva assicurato la disponibilità a votarlo per il Quirinale. Successivamente, Gianni Letta aveva mantenuto i contatti, mentre Ciampi otteneva anche il tacito via libera di Alleanza Nazionale. Il 4 maggio ricevette la visita di Altero Matteoli (nato a Cecina, vicina alla Livorno di Ciampi) che gli chiese due impegni a nome di Fini: nel caso si fosse ripetuto un ribaltone come quello che aveva estromesso Berlusconi da palazzo Chigi, il nuovo capo dello Stato avrebbe sciolto il Parlamento; se nella nuova Costituzione che il centrodestra aveva in animo di proporre fosse stata prevista l'elezione diretta del Presidente della Repubblica, Ciampi si sarebbe dimesso. Matteoli fu rassicurato su entrambi i punti.

Poco prima i DS avevano bocciato Amato, gradito a Berlusconi e anche a D'Alema, ma frenato dal timore di qualche reazione di Craxi da Hammamet. Il Polo propose la coppia Ciampi-Mancino, DS e Popolari quella Jervolino-Ciampi. Marini disse a Letta che nelle prime tre votazioni avrebbero tenuto duro sul nome della Jervolino. La sua aspirazione segreta era di essere eletto lui alla quarta votazione, con i voti che né Berlusconi né D'Alema gli avrebbero fatto mancare. E il suo sogno si sarebbe avverato se i due non avessero già deciso di far confluire i loro voti su Ciampi fin dal primo scrutinio. Il segretario del PPI lo seppe soltanto qualche ora prima delle votazioni.

Il nuovo capo dello Stato fu eletto il 13 maggio con 707 voti, 33 più del necessario. La Lega votò per un proprio senatore, Luciano Gasperini; Rifondazione, Pietro Ingrao; i radicali, Emma Bonino, che aveva fatto una splendida campagna mediatica per il Quirinale e avrebbe conquistato un incredibile 8,5% alle elezioni europee di giugno. I franchi tiratori furono 185: larga parte del Partito Popolare, una piccola frangia di Forza Italia, gli amici di Dini, Cossiga e Mastella.

Marini accusò D'Alema di tradimento personale e politico. La frattura fu parzialmente ricomposta soltanto diversi anni dopo. Quando gliene chiesi le ragioni, il leader DS mi disse: "Marini è stato convinto fino all'ultimo momento che Berlusconi avrebbe votato un popolare. Non era così". E aggiunse a mezza bocca: "Vedendo arrivare un treno in corsa, invece di chiedersi che cosa ci fosse dietro, non gli sarebbe convenuto scansarsi?".

Dalla Resistenza alla Banca d'Italia

"Non sono un economista", mi disse Ciampi quando andai a trovarlo nel suo studio di ministro del Tesoro, "la mia laurea seria è quella in lettere, alla Normale di Pisa. Poi ne ho presa un'altra in legge". Nato a Livorno nel 1920, conseguì la laurea *seria* a 21 anni, dopo aver bruciato le tappe fin dalle medie e dal liceo, frequentato presso i gesuiti. Lo spedirono subito come ufficiale in Albania, ma dopo l'8 settembre, per sfuggire alla deportazione in Germania dei militari che non accettavano di arruolarsi a Salò, riuscì a prendere a Roma un treno diretto a Pescara. Saltò giù dal convoglio vicino ad Anversa degli Abruzzi perché lì il macchinista rallentava, come lo aveva avvertito un ferroviere alla stazione Termini. Un camion lo portò a Scanno, un presepe sospeso tra il lago e la montagna. Qui rivide Guido Calogero, suo professore alla Normale, che nelle lunghe conversazioni scannesi lo formò agli ideali del Partito d'Azione.

"D'inverno passarono le linee attraverso la Maiella", mi raccontò sua moglie Franca, sposata nel '46 dopo un anno di fidanzamento, "ed entrarono nella famosa 'terra di nessuno' occupata dai *gurka* indiani aggregati alle truppe inglesi. Carlo fu interrogato più a lungo degli altri: era biondo con gli occhi azzurri, aveva documenti tedeschi perché durante l'università aveva vinto una borsa per studiare a Dresda. Insomma li convinse di non essere una spia solo mostrando un libro sul liberalsocialismo che gli era stato regalato da Calogero". Si arruolò così nelle file del ricostituito esercito italiano.

Dopo la guerra, la moglie lo convinse a tentare il concorso in Banca d'Italia ("Lo stipendio è buono e si lavora poco"). Assunto come impiegato avventizio precario, trascorse nove anni a Macerata come "ispettore di campagna" e soltanto a quarant'anni entrò nel mitico Ufficio Studi della Banca d'Italia. Diciotto anni dopo ne diventò direttore generale. Era il '78. Il governatore Paolo Baffi s'accorse per caso che il suo principale collaboratore non era un economista. Lo stesso Ciampi mi raccontò l'episodio durante un incontro che avemmo per il mio libro *La corsa* (Nuova ERI-Mondadori) nell'estate del '98. "Mi disse Baffi durante una conversazione: 'Questo, lei d'altra parte, lo ha studiato per l'esame di statistica…'. 'Governatore', gli risposi, 'io non ho mai fatto l'esame di statistica…'. 'E allora come sa queste cose?'. 'Si può studiare anche fuori dell'università. In ogni caso io non sono un economista…'".

La promozione a governatore avvenne nella primavera dell'anno successivo, il 1979, in condizioni drammatiche. Il giudice istruttore di Roma Antonio Alibrandi arrestò il vicedirettore generale dell'istituto, Mario Sarcinelli, che era stato capo della Vigilanza e incriminò lo stesso Baffi per supposte irregolarità ispettive sull'IMI e sul Credito Industriale Sardo. I due furono difesi dal ministro democristiano del Tesoro Filippo Maria Pandolfi e vennero scagionati. Restò il sospetto che si volesse attaccare l'azione ispettiva della Banca d'Italia nei confronti del Banco Ambrosiano e dell'Italcasse.

Ciampi non si sentiva di prendere il posto di Baffi, che lo incoraggiava. "Pensavo a Bruno Visentini", mi disse, "a un grande giurista che rimettesse le leggi a posto per evitare che si ripetesse quello che era successo a Baffi". Lo convinsero due mitici predecessori di Baffi, Guido Carli e Donato Menichella. Ciampi diventò così governatore a 59 anni e fu colto dalla malattia di De Nicola, la "dimissionite". Provò ad andarsene nell'85 con il governo Goria ("Sto per compiere 65 anni...") e ci provò con tutti i presidenti del Consiglio successivi. Fino alla drammatica primavera del 1992.

La caduta del Muro di Berlino aveva sconvolto gli equilibri europei, anche quelli economici. Nel '91 Mitterrand e Kohl avevano deciso che la base della nuova Europa fosse la moneta unica. Il 7 febbraio del '92 Giulio Andreotti firmava nella cittadina olandese di Maastricht

un trattato che al tempo stesso ci salvava e ci impiccava.
Nonostante negli ultimi tre anni del suo mandato Andreotti avesse fatto manovre finanziarie per complessivi 130mila miliardi di lire (65 miliardi di euro), quando Amato lo sostituì a palazzo Chigi l'Italia era sull'orlo del baratro. Nel nostro colloquio, Ciampi rivendicò la correttezza di aver investito 50mila miliardi nella vana difesa della lira ed era accanto ad Amato quando il rifiuto della Bundesbank di cambiare marchi con lire costrinse la nostra moneta a un riallineamento che si trasformò in una svalutazione reale del 25%. "Quando vedemmo la corsa al ritiro dei soldi anche nelle banche vicine al Parlamento", mi disse Ciampi, "capimmo che occorreva un intervento drastico". D'accordo col ministro del Tesoro Piero Barucci, Amato decise di prelevare il 6‰ dai conti correnti, Ciampi non fu avvertito, ma evitò di far pesare la scelta (pessima sotto il profilo psicologico) sul presidente del Consiglio.

Da palazzo Chigi all'Italia nell'euro

La rovina del governo sotto i colpi di Tangentopoli indusse Scalfaro nell'aprile del '93 a chiamare Ciampi alla guida di un governo-ponte. "Feci riflettere il capo dello Stato della inopportunità di nominare una persona estranea al Parlamento", mi raccontò Ciampi, "ma lui rispose che non aveva scelta". L'ormai ex governatore della Banca d'Italia formò un governo a forte caratterizzazione politica (a lui si ispirerà Mario Draghi nel febbraio 2021). Aveva addirittura portato per la prima volta i *comunisti* al governo (Visco alle Finanze, Berlinguer all'Università e Barbera ai Rapporti con il Parlamento). Ma lo scandalo successivo alla mancata autorizzazione a procedere contro Craxi alla Camera li fece dimettere all'istante. E il governo durò poco più di un anno.

Non fu un anno facile. Il 27 luglio del '93 ci furono attentati terroristici di matrice mafiosa a Milano, Firenze e Roma. Morti e feriti e sul momento una matrice oscura. Nella notte il presidente del Consiglio temette che fosse in atto un movimento contro la democrazia. Tanta era la preoccupazione che Ciampi decise di andare a palazzo Chigi, ma arrivato nell'edificio scoprì che era isolato, che i telefoni non funzionavano. E allora disse: "Chissà dove ci porteranno stanotte". Furono convocati i giornalisti, allertati i responsabili dell'ordine pubblico, ci furono concitate telefonate con Scalfaro. Ma la situazione era sotto controllo e la tensione non si manifestò per come era.

Quando nel '94 vinse Berlusconi, Ciampi tornò in Banca d'Italia come governatore onorario. Aveva 74 anni e pensava di aver chiuso la sua carriera politica. Confesso che mi fece questa impressione quando lo incontrai una sera alla Scala con la moglie. "Buonasera, dottor Ciampi. Buonasera, signora...". Una coppia affiatata a riposo.

E invece nel '96 fu richiamato da Prodi come ministro dell'Economia e ricevette poteri commissariali per l'ingresso dell'Italia in Europa: "Eravamo fuori da tutti i parametri – mi raccontò successivamente Ciampi. "E non era mai successo nella storia europea che un Paese riducesse di quattro punti in un anno la percentuale del disavanzo pubblico". "Merito suo?", gli chiesi. "Il mio merito è stato soltanto di capire che tecnicamente era possibile, riducendo il disavanzo. Quando formai il mio governo nel '93 l'Italia pagava tassi d'interesse maggiori di sei punti di quelli francesi e tedeschi. Adesso [era il '98, *nda*] paghiamo quanto loro".

Nell'estate del '98, gli scrissi una lettera: "Caro dottor Ciampi, sto preparando un libro sulla corsa al Quirinale. So che non sta bene parlare di candidature a una carica del genere. Ma poiché qualcuno alla fine dovrà essere eletto, sto incontrando tutti gli uomini e le donne eminenti della Repubblica, meritevoli in astratto della carica per capire dove sta andando la nostra barca. Mi userebbe la cortesia di ricevermi?". Mi ricevette qualche giorno dopo nel suo ufficio di via xx settembre dopo una bella vogata sul suo pattino nelle acque di Santa Severa. Cercai di mettere zizzania tra lui e Alberto Ronchey, uno dei più autorevoli giornalisti italiani, che sosteneva la migliore qualità del proprio pattino. "Io vogo ogni mattina presto tre quarti d'ora. Tutti i giorni da giugno a settembre, quando ci trasferiamo a Santa Severa" tagliò corto il ministro. In quelle settimane, Ciampi godeva per quello che considerava un suo successo personale: l'ingresso dell'Italia nell'euro. E per mostrarmi la sua filosofia economica, si chinò davanti alla sua imponente scrivania: "Guardi lì sotto. In cima alla gamba sinistra c'è la dedica degli ebanisti piemontesi a Quintino Sella. 'Qui si fanno economie fino all'osso' disse Sella nel 1892". E mantenne la parola governando per sette anni le finanze dell'Italietta appena nata. Dopo cento minuti di conversazione mai disturbata da un collaboratore o da una telefonata, gli dissi al commiato: "Chissà che un giorno non ci si riveda al Quirinale…". Carlo Azeglio Ciampi sorrise, mi sfiorò la spalla con una mano e scosse la testa: "Non avrei nemmeno l'età…". "Che dice, presidente? Lei verrebbe eletto a 79 anni. Pertini diventò capo dello Stato a 82 e a 89 cercò di ottenere il secondo mandato…". Ciampi scosse ancora la testa con un sorriso placido e gli occhi bassi. E mi accompagnò alla porta.

Il riscatto della patria, il controllo sul Cavaliere

Il merito maggiore di Ciampi come Presidente della Repubblica è di aver sdoganato la parola *patria*. Fino al suo insediamento al Quirinale, *patria* era una parola desueta, reazionaria, quasi fascista. Ci voleva un uomo che veniva dal Partito d'Azione e dalla Resistenza per dire poco dopo l'insediamento in un discorso a Lecce: "Amo menzionare la parola *patria* da troppo tempo bandita dai discorsi pubblici. Amo menzionarla perché ritengo che sia una parola che ci trova tutti uniti in questa comunità di sentimenti". Era il 29 giugno 1999. Il 23 settembre dello stesso anno Ciampi visitò L'Aquila, la mia città, e m'invitò a cena con Gianni Letta (nato ad Avezzano) nel Castello cinquecentesco. Nel pomeriggio ero accanto a Franca Ciampi quando, nel cortile della caserma del reggimento alpino che porta il nome della città, la fanfara attaccò l'inno nazionale. La signora si strinse alla moglie del prefetto e mi disse: "Vede? Mi commuovo".

Alla fine, incoraggiata da Arrigo Levi, consigliere del Presidente, mi confidò: "Certo, i giocatori della nazionale di calcio dovrebbero impararlo un po' meglio...". Era una mia vecchia campagna, come quella di far tornare il 2 giugno giorno festivo. "Siamo l'unica nazione al mondo", le dissi, "che non celebra il proprio compleanno". Due anni dopo, nel 2001, insieme con la festa, il 2 giugno tornò la parata militare ai Fori Imperiali ripristinata l'anno precedente. L'avesse decisa un Presidente di destra, si sarebbe gridato al militarismo nostalgico. Con Ciampi, tutti applaudirono. Finalmente.

Mi raccontò la signora Franca nel 2006, appena uscita dal Quirinale: "Siamo stati in tutte le 103 province italiane perché Carlo voleva ricordare sempre che l'Italia è una, parlava di *patria* e voleva che si suonasse l'inno nazionale. In tutte le città Carlo voleva che i sindaci della provincia indossassero la fascia tricolore. Un giorno, in una città del Nord lo avevano avvertito. Guardi, Presidente, qui sono tutti leghisti, è difficile che mettano la fascia. Entrammo in teatro e vedemmo che tutti i sindaci, ma proprio tutti, avevano la fascia tricolore. Mi commossi molto perché sentivo che l'Italia era davvero unita". Ciampi fu eletto al Quirinale in un momento molto delicato per l'Italia. Eravamo in guerra con la Serbia e D'Alema, presidente del Consiglio con il sostegno decisivo del piccolo partito di Cossiga, rispettava l'impegno di partecipare ai bombardamenti alleati contro gli obiettivi serbi. Romano Prodi aveva fondato un partito, l'Asinello, che aveva nello statuto la distruzione dei DS e dei popolari. Per una serie fortunata di circostanze, il Professore fu dirottato alla presidenza della Commissione europea per evitare che in Italia facesse sfracelli. Nonostante questo, alle elezioni europee del 13 giugno, l'Asinello prese un 7,7%, facendo crollare il Partito Popolare al 4,2% e i DS al 17,3%, con una perdita di quattro punti. Crollarono Alleanza Nazionale (10%, nonostante l'alleanza col Patto Segni), la Lega e Rifondazione dopo la scissione di Cossutta. Trionfò Berlusconi (25,2%, con cinque punti in più rispetto alle politiche). Si annunciava la grande vittoria del centrodestra alle regionali del 2000 e soprattutto l'affermazione alle politiche del 2001.

Queste elezioni segnarono uno spartiacque anche nella presidenza Ciampi. I rapporti eccellenti che al momento delle elezioni il Cavaliere intratteneva con il Quirinale andarono increspandosi con il passare dei mesi. Il segretario generale Gaetano Gifuni, persona autorevole e affabile, veniva dalla scuola di Scalfaro: di chi, cioè, ritiene Berlusconi un fastidioso incidente della storia italiana. Così Ciampi e Gifuni non si limitavano a monitorare – com'era giusto – i provvedimenti che sfioravano campi delicati come quelli del conflitto d'interessi patrimoniale e giudiziario del Cavaliere. Anche per l'ordinaria amministrazione, sia pure con estremo garbo, le prerogative del capo dello Stato si estesero sul governo ben più ampiamente di quanto non fosse successo con Pertini, che pure passava per il Presidente più interventista. Ma, ai tempi di Pertini, Berlusconi non era ancora entrato in politica. Così, durante la presidenza Ciampi non c'era materia su cui il Quirinale non esigesse una dettagliata informazione preliminare. Non c'era nomina, per quanto trascurabile, nel retrobottega dell'amministrazione, per la quale non volesse l'avviso preventivo, non facendo mai mancare obiezioni e pareri illuminanti.

Scontri sulla giustizia, tra girotondi e legittimi sospetti

Il problema è che in Berlusconi tutto è eccessivo. Sia quello che fa, sia quello che subisce. Si prenda il caso delle rogatorie internazionali, cioè di richieste a Stati esteri su presunte attività illecite di una persona. Roberto Castelli, ministro leghista della Giustizia (2001-2006), mi disse che tra il 1995 e il 2002 la sola procura di Milano aveva presentato 309 richieste di rogatorie estere a carico del Cavaliere e altre ne sono seguite negli anni successivi. Nessun criminale internazionale si è neppure lontanamente avvicinato a quella cifra. Per restare in Italia, Pierfrancesco Pacini Battaglia, uno spregiudicato affarista che ha distribuito ai partiti un centinaio di miliardi di lire per conto dell'Eni ne ha subite 80. Bettino Craxi 22. Primo Greganti, l'uomo delle tangenti al PCI e Marcello Stefanini, segretario amministrativo del partito, complessivamente hanno avuto sette richieste. Due per Severino Citaristi, segretario amministrativo della DC.

Il centrodestra presentò una legge per ratificare un accordo con la Svizzera che rendeva inutilizzabili gli atti giudiziari che non fossero pervenuti alla magistratura italiana in originale o in copia autentica. Si lamentava l'invio di fotocopie senza data certa e senza garanzia di trasparenza. L'opposizione obiettò che si volevano far saltare alcuni processi a Berlusconi. Quando il Quirinale disse che la legge non sarebbe stata firmata se non fosse cambiata, palazzo Chigi rispose che una legge giusta non può essere inficiata perché tra i beneficiari c'è anche il presidente del Consiglio. E richiamò il caso della modifica della legge sull'abuso d'ufficio interpretata in maniera aberrante da alcuni magistrati. Tra i beneficiari c'era anche il presidente del Consiglio Prodi, ma nessuno si sognò di protestare perché il provvedimento era sacrosanto. Pier Ferdinando Casini, presidente della

Camera, concesse il voto segreto e il suo compagno di partito Marco Follini, segretario dell'UDC, la fece affondare con i franchi tiratori. Come scrisse Aldo Cazzullo su *La Stampa*, Follini fu elevato dalla sinistra a baluardo degli antiberlusconiani, pur essendo parte del centrodestra. La legge fu poi approvata anche se al Senato in una seduta tumultuosa si arrivò alle minacce fisiche nei confronti del presidente Marcello Pera. Ma non servì a niente perché, come disse il procuratore di Milano, Borrelli, la nuova norma sarebbe stata "neutralizzata sul piano interpretativo".

Nel 2002 ci fu un altro scontro tra palazzo Chigi e Quirinale sulla legge che reintroduceva il principio dello spostamento di un processo da una sede all'altra quando ci fosse il "legittimo sospetto" che nel tribunale in cui era incardinato un procedimento non ne garantisse uno svolgimento sereno. La commissione giustizia della Camera, presieduta da Pisapia, aveva stralciato la norma dal nuovo Codice di procedura penale del 1989 con un gesto politico contestato sia da Cossiga che da Giuliano Vassalli, che di quel Codice era stato il padre. Non è questa la sede per illustrare le anomalie che avevano indotto gli avvocati di Berlusconi e di Cesare Previti a chiedere lo spostamento dei loro processi da Milano. La legge fu approvata il 10 ottobre 2002 dopo altri tumulti in Senato e girotondi di protesta intorno a palazzo Madama. Ma tanto rumore non serviva. Ciampi aveva

infatti spiegato in un messaggio alle Camere che non
avrebbe firmato la legge se non fosse stata modificata.
Dopo la modifica il legittimo sospetto sarebbe scattato
solo dinanzi "a gravi situazioni locali, tali da turbare lo
svolgimento del processo e non altrimenti eliminabili".
Era impossibile che Berlusconi potesse approfittarne.

"Presidente, non farmi questo sgarbo…"

Un terzo scontro – il più grave di tutti – avvenne tra
il 2002 e il 2004 a proposito della "legge Gasparri" sul
riordino del mercato radiotelevisivo. Qui non si trattava
di processi, ma del portafoglio di Berlusconi. Sentendo
puzza di bruciato, il 23 luglio 2002 il Presidente della
Repubblica aveva detto in un messaggio alle Camere:
"Non c'è democrazia senza pluralismo e imparzialità
dell'informazione… Le posizioni dominanti sono ostacoli oggettivi all'effettivo esplicarsi del pluralismo". La
Casa delle Libertà dichiarò di aver risposto alle preoc-
cupazioni del capo dello Stato con un disegno di legge
firmato dal ministro delle Telecomunicazioni, Maurizio
Gasparri. L'opposizione lo negò con forza. In due parole:
la legge diceva che sta in posizione dominante chi pren-
de più del 20% del "cesto" pubblicitario dell'intero mondo delle comunicazioni. Questo, nel 2003, fu valutato
32 miliardi di lire. Mediaset, che ne aveva fatturati 3,
avrebbe potuto raddoppiare. Si scatenò l'inferno, Follini
mise in opera i franchi tiratori e solo il 2 dicembre 2003

la legge fu approvata. La bozza dell'articolo 8 era passata per sei volte da palazzo Chigi al Quirinale. Per sei volte fu corretta. Quando non tornò più indietro, Gianni Letta era convinto che fosse stata approvata. Così non era.

Ci fu al Quirinale una colazione drammatica. Era il 15 dicembre e Ciampi disse che non avrebbe firmato la legge proprio perché la storia del "cesto" non lo convinceva. Alla furia del Cavaliere ("Non metterò più piede qui dentro"), Ciampi rispose placido: "Io ve la rimando, voi l'approvate di nuovo e a quel punto io devo firmarvela subito". Ma uno strappo così forte era impensabile. Quando il capo dello Stato lo accompagnò all'ascensore, Berlusconi disse: "Presidente, non farmi questo sgarbo". Inutilmente.

La legge fu modificata e approvata il 29 aprile 2004. A Mediaset fu sfilato un miliardo di lire. Ciampi firmò subito. Berlusconi ristabilì i rapporti con Ciampi soltanto in estate. Fin da allora era prevista la rivoluzione del digitale terrestre che avrebbe acceso centinaia di nuove reti.

Lo scontro finale tra Ciampi e il governo Berlusconi avvenne con la riforma costituzionale del 2006. Nel libro citato, Mammarella e Cacace ricordano che il capo dello Stato aveva diffuse perplessità, ma si trattenne dal manifestarle perché nel 2001 non aveva sollevato obiezioni quando il centrosinistra aveva fatto approvare a stretta maggioranza la riforma dell'articolo 5. Approvazione sciagurata, aggiungiamo noi, con tre soli voti di maggioranza e oggi rimasta quasi senza padri visto il disastro procurato dalle esasperazioni del regionalismo.

Uno scontro sulla politica estera tra il Quirinale e palazzo Chigi avvenne nel gennaio 2003 quando George Bush decise di attaccare l'Iraq senza il mandato del Consiglio di sicurezza dell'ONU. L'Italia fu tra i sette Paesi europei che decisero di appoggiare gli Stati Uniti e Ciampi impose un ridimensionamento della nostra presenza, minacciando Berlusconi di un nuovo messaggio alle Camere.

Carlo Azeglio Ciampi voleva essere ricandidato? Ci sono due scuole di pensiero. La prima lo esclude, per ragioni di principio e anche di età (86 anni). La seconda, che pure abbiamo verificato, sostiene che Ciampi, nonostante i tempestosi rapporti con il centrodestra, sarebbe stato ricandidato proprio dalla Casa delle Libertà. Il centrosinistra restò spiazzato e dopo una lunga riflessione disse: per noi sta bene, ma decida lui. E Ciampi si irritò.

Franca Ciampi,
lady tempesta

"Carlo era biondo con gli occhi azzurri e io, bruna, ero affascinata dai suoi colori, [...] dal suo equilibrio e dalla sua serietà, anche se Carlo era un ragazzo divertente, tutt'altro che uno sgobbone. Molto corteggiato, per questo, dalle ragazze".

Avevano entrambi 19 anni. Entrambi frequentavano la Scuola Normale di Pisa. Carlo Azeglio vi era entrato già a 16 anni e lì seguiva lettere classiche. Franca vi entrò a 18 per studiare lettere moderne.

S'incontrarono nel dicembre del 1939 a un "tè danzante" in casa di amici: "[...] Per noi il tè delle cinque era la merenda che precedeva il ballo. Una mamma suonava il piano, un'altra mamma cantava e noi provavamo qualche passo di danza".

S'innamorarono subito e, da quel giorno, il filo non si è mai spezzato. Continuarono a frequentarsi all'università e fuori. La dichiarazione arrivò a maggio.

"Lo dissi alla mamma e lei mi suggerì di regalargli un cestino per la scuola dell'infanzia, tanto era giovane. Io ci rimasi malissimo e ne parlai con nonna che lo conosceva, perché Carlo veniva qualche pomeriggio da noi con gli altri ragazzi. La nonna m'incoraggiò. Non preoccuparti, Franchina. Lui ha la testa da vecchio. Alludeva alla sua maturità".

Poi il suo Carlo partì per il fronte in Albania. E fu sempre la signora Carla a raccontarmi, nel 2007 (in *L'amore e il potere*): "Ci scrivemmo per tutto il periodo. Lui romantico? A vent'anni si è romantici, si guarda al futuro, si spera. Lui mi raccontava la sua giornata, le sue emozioni. Io le mie amicizie, i miei libri. Non era della nostra natura e della nostra età pensare a qualunque epilogo tragico della nostra storia".

Carlo e Franca si scrissero fino all'8 settembre 1943, la data più tragica della nostra storia moderna. Carlo scomparve. Doveva sfuggire all'arresto e alla deportazione in Germania, destinata a tutti gli italiani che non erano passati con la Repubblica di Salò. Rientrato dalla guerra, Carlo bussa, senza preavviso, alla porta di casa di Franca a Bologna. Dopo un attimo si ritrovano a passeggiare e a progettare il loro futuro.

Si fidanzano nel 1945. Si sposano nel 1946, lo stesso anno in cui Ciampi consegue la seconda laurea in legge, obiettivo fortemente sostenuto da Franca.

Avrebbe voluto lavorare all'università, ma allora i concorsi accademici, quelli per il notariato, per la diplomazia erano chiusi. E qui intervenne la sua Franca il cui padre lavorava in banca.

Fu lei, come abbiamo visto, a suggerirgli il concorso in Banca d'Italia. Negli anni passati in provincia e poi all'Ufficio Studi della Banca d'Italia, la loro vita non cambiò affatto. La Franchina, nonostante la sua laurea in lettere, fece, da allora, solo la mamma ai loro due figli, Gabriella, nata nel 1949, e Claudio, classe 1953.

Lo stesso governatore parlava due volte l'anno in pubblico, e mai in Tv. E le mogli dei dirigenti avevano abitudini molto discrete. In verità il modo di vivere della famiglia Ciampi non cambiò nemmeno quando Carlo Azeglio divenne presidente del Consiglio, il primo presidente "non parlamentare".

"La moglie del Presidente non ha un ruolo pubblico, e io me stavo tranquilla qui in casa mia [...]. Ci credi [la signora Franca nel nostro lungo colloquio mi diede del tu come fosse un'amorevole madre], se ti dico che non volevo che Carlo fosse eletto al Quirinale? A 78 anni eravamo già vecchi. Carlo non è un uomo politico, e per me era complicato a quell'età cambiare vita, di punto in bianco, e fare la moglie del Presidente della Repubblica. Capisci? Eppure, anche dopo l'elezione, mi ero cullata nell'idea di fare la vita di prima. In fondo le mogli di Pertini e di Cossiga non si sono mai viste. Scalfaro aveva Marianna...".

E invece il suo Carlo una sera le disse: "Stasera dormiamo al Quirinale".

Ci andarono perché lo sentirono un dovere istituzionale e anche per evitare quattro cortei al giorno tra casa e ufficio con tutto l'inferno che si sarebbe creato. L'appartamento era molto semplice. Le arrivavano lettere a non finire, alcune soltanto affettuose, altre con richieste di aiuto.

La signora Franca ebbe vicino due ottime segretarie, Maria Enrica Bagolan e Fabrizia Nevola. La supportavano nello smaltire la posta: certo, il prefetto s'informava, qualche mitomane c'era e ci sarà sempre, purtroppo, però, tante richieste erano fondate.

Donna Franca aveva a disposizione un piccolo budget per opere umanitarie. I contributi principali erano devoluti alle organizzazioni più strutturate, ma lei teneva molto al sollievo di tante singole persone povere. La verità è che Franca Ciampi non si è mai risparmiata. Ha passato tanto tempo a visitare scuole e bambini ammalati, e a rispondere a tutti perché, mi disse, "le persone hanno un gran bisogno di parlare. Soprattutto i vecchi. La vita così lunga non è sempre un bene, quando sei circondato da una gran solitudine".

Fu il Presidente a intuire per primo che andasse incoraggiato un ruolo attivo della moglie durante il settennato. Ne conosceva il carattere indomito, la sua grande umanità, e pur di portare avanti il suo messaggio non solo sull'italianità, ma anche sulla famiglia, preferì correre il rischio di essere simpaticamente zittito dalla consorte, anche in pubblico.

Carlo Azeglio Ciampi, il padre di tutti gli italiani? Allora donna Franca doveva esserne la madre. Troppa sollecitudine? Troppa, a volte dispotica, determinazione? Quella era la cifra delle ragazze del secolo scorso per rendersi indipendenti e far sentire la propria voce. Elegante ma non griffata. I suoi abiti per i grandi pranzi erano realizzati con le stoffe di Valentino (che lo sapeva), ma non da Valentino. La donna che amava la casa, i figli, non solo suoi ma dell'Italia intera, faceva sì che non si creasse distanza, e ci si potesse illudere di non essere gli ultimi.

Non dimenticheremo la sortita che tanto fece irritare il leghista Roberto Calderoli, l'allora ministro delle Riforme, indignato perché donna Franca, durante una visita a Napoli, nel cuore dei Quartieri Spagnoli, dichiarò: "La gente del Sud... più buona e intelligente".

Rimasto anche celebre il suo attacco "alla Tv deficiente che corrompe le nuove generazioni [...] che manda in onda trasmissioni che involgariscono e imbastardiscono e che noi in famiglia non guardiamo" incitando poi i giovani a "leggere, leggere, leggere".

Per Donna Franca, papa Wojtyla fu una figura di speciale legame e affetto: "Ah, Giovanni Paolo II quante volte lo abbiamo incontrato a pranzo, senza che nessuno lo sapesse! Don Stanislao, il suo Segretario, chiamava me o Carlo e diceva: 'Il Santo Padre vorrebbe vedervi' e noi andavamo. Legammo subito, da quel mio 'Non si strapazzi, Santità!' del primo incontro, sino all'ultimo, quando ci abbracciò sulla sedia a rotelle. Ho la sua foto sul comodino e lo invoco molto".

Lei, certo, Franca Pilla, nata il 19 dicembre del 1920 a Reggio Emilia, 100 anni, e non averli, la solitudine non la sente, ma sogna e sognava di andar via con il suo Carlo. In fondo se l'erano detti tante volte e lei pregava "Signore, facci arrivare insieme alla fine, a me e Carlo". Ma ogni volta lui le allontanava quel brutto pensiero con l'ironia tutta toscana: "Hai fretta? Perché se hai tanta fretta, vai avanti tu per prima che io ti raggiungo".

Nel 2016 i funerali del Presidente si tennero proprio il giorno del loro anniversario di matrimonio, il 19 settembre. La signora Franca raccontò quei momenti a Marzio Breda per il *Corriere della Sera*. La forza del loro amore e lo straordinario amore della gente per il Presidente e per lei. Ricordò anche il suo perentorio *no* alla possibilità che il marito venisse rieletto. "No, *pro patria mori* proprio no".

Ma il suo dolore, il suo vuoto, la sua vertigine li espresse in questa frase: "E adesso cosa farò dopo che avremo portato Carlo a Livorno". Da allora sono passati cinque anni. Lady Franchezza, donna d'acciaio, dice di essere stanca: noi le crediamo a metà.

11
Giorgio Napolitano
Un comunista al Quirinale

"Giorgio un cosacco? Che cretini..."

La mattina di mercoledì 10 maggio 2006, Giorgio Napolitano uscì di casa, come sempre, di buonora. Accese il cellulare, rispose con la consueta cortesia a una mia chiamata e si recò nello studio di senatore a vita a palazzo Giustiniani: erano le sue ultime ore di libertà. Lì lo aspettavano alcuni amici increduli di quel che sarebbe accaduto: Peppino Mennella, il capo ufficio stampa del Senato che s'improvvisò cerimoniere, e soprattutto Gianni Cervetti. Vecchio dirigente milanese del PCI, Cervetti è l'autore del libro *L'oro di Mosca* (Dalai editore, 1993) sui finanziamenti del mondo sovietico al Partito Comunista italiano. Faceva parte della corrente moderata del partito, quella dei "miglioristi", che aveva in Napolitano il suo leader: una corrente autorevole, ma comunque marginale nel partito. Perciò, quella mattina, Cervetti era il più incredulo di tutti. Tanto che le orecchie attente di Federico Geremicca, anche lui vecchio militante comunista e ora giornalista de *La Stampa*, gli carpirono uno sfogo felice: "Giorgio Presidente della Repubblica? Sarebbe stato impensabile quindici anni fa, quando quasi volevano cacciarci dal partito".

Quel mattino di maggio 2006 il presidente della Camera Fausto Bertinotti leggeva: "Napolitano... Napolitano... bianca... bianca... Napolitano...". Il leader dei "miglioristi" del PCI stava per diventare Presidente della Repubblica: il primo Presidente "comunista". "'Un cosacco al Quirinale', va dicendo qualche cretino" mormorò a Napolitano, con la sua voce da chierico ormai invecchiato, un altro senatore a vita, Emilio Colombo, che era passato a complimentarsi: lui, ala moderatissima della DC, tutto casa e vescovi, i cosacchi li aveva combattuti per tutta la vita. Ma oggi il mondo è un altro mondo. Dunque, complimenti, caro Presidente.

Napolitano seguiva lo spoglio sugli schermi dell'impianto a circuito chiuso della Camera. E intanto, godendo delle ultime ore di una libertà di parola non condizionata da vincoli istituzionali, tracciava con i presenti un ideale programma di lavoro. Trovava giuste, in particolare, le quattro raccomandazioni di Leopoldo Elia per modificare la Costituzione rivedendo quella approvata dalla Casa delle Libertà: aumentare i poteri del primo ministro, riformare il sistema bicamerale, modificare il titolo v (cioè la devoluzione, approvata a strettissima maggioranza dal centrosinistra alla vigilia delle elezioni del 2001), rafforzare le garanzie costituzionali dell'opposizione. Belle ambizioni, tuttora frustrate a quindici anni di distanza.

"Napolitano... bianca... Napolitano... bianca...". Il capo dello Stato in pectore considerò una manifestazione di riguardo il fatto che la Casa delle Libertà votasse scheda bianca e non un candidato alternativo (tranne la Lega, che mise sulla scheda il nome di Umberto Bossi). Quando, al quarto scrutinio, fu superata la maggioranza assoluta di 505 voti, nello studio di Napolitano ci furono pianti e congratulazioni. Arrivò, attesa, la prima telefonata da Carlo Azeglio Ciampi. Poi, fra le altre, quella di Gianni Letta: "Caro Presidente, non ce l'ho fatta, mi hanno battuto..." (Letta aveva infatti suggerito, invano, a Berlusconi di votare Napolitano).

L'undicesimo Presidente della Repubblica fu eletto con 543 voti. A parte Bossi (43 voti), e a parte le 347 schede bianche del centrodestra, si notarono dieci voti a favore di Massimo D'Alema, il vero candidato sconfitto.

Troppi nemici per D'Alema al Quirinale

L'elezione di Napolitano era arrivata dopo due settimane che avevano messo a dura prova la tenuta dei nervi dei più alti dirigenti DS. Dopo aver dovuto rinunciare a

Montecitorio, Massimo D'Alema aveva infatti un obiettivo preciso: il Quirinale. Il suo ragionamento non faceva una piega: l'Unione ha vinto le elezioni, il secondo partito della coalizione (Margherita) ha avuto la presidenza del Senato, il terzo (Rifondazione) la presidenza della Camera. È possibile che il primo partito (i Democratici di sinistra) resti a bocca asciutta? Non è possibile. Dunque, si punti alla presidenza della Repubblica.

"Prima delle elezioni io ero il candidato al Quirinale non dichiarato, il *long distance banner*", mi raccontò Giuliano Amato, "ero l'unico candidato non dichiarato e, in base ai precedenti, era una condizione assolutamente infelice, perché sapevo che sarei stato superato all'ultima curva, anche se non vedevo l'inseguitore. Ho cominciato a vederlo quando Bertinotti è apparso sempre di più in primo piano come candidato alla presidenza della Camera.". E aggiunse che quando il ministro dell'Interno tedesco Otto Schily, suo vecchio amico, gli aveva chiesto: "Giuliano, chi andrà al Quirinale?" la sua risposta fu: "Se D'Alema va alla Camera e Marini al Senato, non vedo alternative alla mia elezione. Se dovesse andare Bertinotti, i DS riterranno non eludibile la collocazione di uno della loro famiglia (qualcosa di più della famiglia socialista): a quel punto vedrai che verrà eletto Giorgio Napolitano".

I DS non potevano perdere il Quirinale. Avevano vinto le elezioni per il rotto della cuffia (il Cavaliere era andato sotto di soli 24.500 voti alla Camera e aveva perso il Senato nonostante avesse 210mila voti in più) e lo schiaffo di Bertinotti era troppo forte per non essere vendicato. D'altra parte, il capo di Rifondazione aveva messo sulla bilancia la spada di Brenno: o vado alla presidenza della Camera o il governo Prodi non ha la maggioranza.

Per capacità, esperienza e carattere, D'Alema avrebbe impresso una impronta forte al Quirinale. Se non avesse instaurato una Repubblica presidenziale, ci sarebbe mancato poco. Per questo aveva molti nemici. Prodi non desiderava avere come tutore l'uomo che aveva tentato di fargli le scarpe con Berlusconi immaginando nel '96 un governo Maccanico. Rutelli temeva di vedere polverizzata la Margherita, componente moderata del centrosinistra. Casini temeva fortemente il ripristinarsi del patto tra D'Alema e Berlusconi. Insieme con Rutelli, non voleva un cinquantenne al Quirinale (D'Alema aveva 57 anni) col rischio di trovarsi per decenni tra i piedi un Presidente emerito.

Per gli insondabili misteri della politica, D'Alema era il candidato nascosto di Berlusconi. Gianni Letta aveva flirtato con lui fin dai tempi della bicamerale del '97 e il rapporto era rimasto cordiale. Giuliano Ferrara si fece pronubo di queste nozze impossibili con un'artigliata sul *Foglio* il 5 maggio 2006, alla quale fece seguito il giorno dopo un'intervista a Piero Fassino. Il segretario dei DS spiegava che dal Quirinale D'Alema s'impegnava a sciogliere le Camere se il governo Prodi fosse entrato in crisi, avrebbe evitato sconfinamenti della magistratura in politica e i condizionamenti di cui s'erano avute amplissime prove, avrebbe garantito la condivisione delle scelte di politica estera e una transizione istituzionale corretta dopo la prevedibile bocciatura via referendum della riforma varata dal centrodestra. Fassino mi disse che l'intervista era nata per rispondere a una richiesta di Berlusconi e dei suoi alleati. Il "partito Mediaset" gridava *"D'Alema for President!"* e nel Transatlantico di Montecitorio mi capitò di dire che se il leader maximo fosse andato al Quirinale, le reti di Berlusconi sarebbero passate da tre a quattro... Scoppiò lo scandalo e non se ne fece niente. Le posizioni contrarie a D'Alema, trasversali a entrambi gli schieramenti, erano più forti di quelle favorevoli. Ci fu un'ipotesi Marini, disposto a cedere la presidenza del Senato ad Anna Finocchiaro (DS) per traslocare al Quirinale. Ma lui stesso disse poi di lasciar perdere. Il centrodestra propose unitariamente quattro nomi: Giuliano Amato, Mario Monti, Franco Marini e Lamberto Dini. "Ma non c'è nessuno dei DS" obiettò Fassino che evidentemente non considerava Amato uno dei suoi ("Fui retrocesso da fratello a cugino" mi disse l'interessato con la sua abituale autoironia). E passò Napolitano. "Fino alla sera di domenica 7 maggio", mi raccontò successivamente al Quirinale, "non mi sarei aspettato questa designazione. Nei mesi e nei giorni precedenti si erano accavallate tante voci dalle quali mi ero tenuto completamente fuori. Poi mi telefonò Fassino a nome di tutte le componenti del centrosinistra. E mi chiamò D'Alema per dirmi che la mia candidatura era quella più caratterizzata in senso istituzionale e era riconoscibile come tale anche dall'altro schieramento". Senza far nomi Napolitano mi disse di aver avuto affidamenti da "alcuni leader" della Casa delle Libertà e apprezzò i riconoscimenti alla sua persona anche se fu scelta la strada dell'astensione. "Come ebbi a dire nel messaggio al Parlamento", aggiunse nel nostro colloquio, "non mi sono mai sentito il Presidente della maggioranza che mi ha eletto".

Primo comunista in America. Le critiche a Berlinguer

Nato a Napoli nel '25 da una famiglia della borghesia liberale (il padre era avvocato), dopo il liceo classico, frequentando l'università (giurisprudenza) s'iscrisse al GUF, il gruppo degli universitari fascisti. Frequentava amici e colleghi di studi come Francesco Rosi, Maurizio Barendson, Antonio Ghirelli, Raffaele La Capria, Giuseppe Patroni Griffi che scivolarono via via verso l'antifascismo. Iscrittosi al PCI nel '45 ne diventò funzionario in Campania. Nel '56 seguì la disciplina di partito difendendo l'invasione sovietica dell'Ungheria. "L'URSS", disse, "ha non solo contribuito a impedire che l'Ungheria cadesse nel caos e nella controrivoluzione, ma alla pace nel mondo".

Nell'estate del 2006, cinquantenario della tragica rivoluzione ungherese, qualcuno ha rimproverato a Napolitano il suo atteggiamento. A fine settembre, il Presidente della Repubblica visitò l'Ungheria, e lo strascico delle polemiche è continuato. Quando gli chiesi, al Quirinale, di rievocare quell'episodio, Napolitano mi disse: "Ero segretario di una piccola federazione provinciale del PCI, quella di Caserta. Mi colpisce che si sia ignorata la serietà e profondità dell'evoluzione da me vissuta, e il cui primo elemento importante fu la decisione di condannare l'intervento sovietico in Cecoslovacchia. Quel 21 agosto 1968 toccò a me, personalmente, di stendere il comunicato di dissenso dall'URSS: un documento senza precedenti. Mi colpisce, ancora, il fatto che qualcuno nasconda che già vent'anni fa, nel 1986, io riconobbi pubblicamente in un dibattito televisivo le ragioni di Antonio Giolitti [che condannò subito l'invasione sovietica, *nda*] e l'errore da me personalmente commesso. E, infine, che non si sia ragionato sull'analisi, acuta e impietosa, credo, che ho sviluppato nella mia autobiografia a proposito dell'atteggiamento che il PCI assunse nel '56. Questa mia sofferta evoluzione credo abbia trovato, nella visita in Ungheria, compimento e comprensione".

Nel 1981 Napolitano entrò in rotta di collisione da "destra" con il segretario del suo partito, considerando un errore la valutazione della "socialdemocrazia come nemico principale" e consigliando, anzi, di consolidare i rapporti con le socialdemocrazie europee per riequilibrare sul piano internazionale le tensioni della politica interna.

Napolitano, il primo comunista a essere invitato in America dopo gli anni del grande gelo, contestava la politica antiamericana del PCI. "Fui in effetti il primo dirigente del PCI invitato, in quanto tale, dalle più prestigiose università americane" mi disse il capo dello Stato. "Era il 1975 e mi fu negato il visto. Tre anni dopo, nel 1978, le stesse università rinnovarono l'invito e, stavolta, il visto mi fu rilasciato. C'era l'amministrazione Carter. L'impressione? Un grandissimo Paese, pluralista come nessun altro, e nel quale colpivano per la loro forza alcuni presidi di libertà come la stampa".

In una drammatica riunione della direzione del partito all'inizio del 1981, Napolitano parlò per primo di "crisi dell'eurocomunismo". Un'analisi diametralmente opposta a quella di Berlinguer. "In quella fase criticavo la tendenza del PCI all'arroccamento, quasi al rifiuto del restante universo politico. Criticavo la tendenza di Berlinguer a rivendicare al Partito Comunista una funzione esclusiva di moralizzazione e di rinnovamento. Temevo un ritorno al passato, che poi in effetti non si produsse nella politica internazionale del PCI in quanto sopravvennero fatti di tale portata (l'invasione sovietica dell'Afghanistan, il colpo di Stato in Polonia) da sostenere Berlinguer nel compiere un distacco ancora più marcato dall'URSS. Sul piano degli indirizzi di politica italiana l'arroccamento, invece, vi fu e contribuì a determinare uno scontro frontale nella sinistra".

"Maturi i tempi per un capo dello Stato che viene da destra"

Dieci anni dopo i tempi erano cambiati e, quando si trattò di affidare a un comunista incarichi istituzionalmente delicati, si pensò a lui: presidente della Camera dal 1992 al 1994, ministro dell'Interno dal 1996 al 1998.

Quando, nel 1996, andai a trovarlo per il mio libro *La corsa*, prima di entrare nella sua stanza al Viminale mi fermai per un momento sulla soglia. Avrebbe mai pensato Mario Scelba che un suo avversario del PCI, un suo nemico degli anni più duri, ne avrebbe occupato la scrivania? "Ero convinto che prima o poi saremmo andati al governo e che, probabilmente, io ne avrei fatto parte", mi disse Napolitano, "ma il Viminale no, non avrei mai immaginato ...".

Avevo portato con me il libro più famoso tra i molti scritti dall'allora ministro dell'Interno: *Intervista sul PCI*, pubblicato nel 1976 (Laterza). Gli dissi che, rileggendolo dopo vent'anni, mi aveva colpito il fatto che lui – pur definendosi "revisionista" – parlasse ancora di realizzazione del socialismo in Italia. "Questo sforzo di direzione consapevole", scriveva Napolitano, "può pienamente dispiegarsi a mano a mano che si procede sulla via del controllo e, in ultima istanza, della proprietà collettiva dei fondamentali mezzi di produzione e sulla via di uno sviluppo sempre più conseguente della democrazia, del governo del popolo".

Come mai?, gli chiesi: "Sarebbe facile risponderle che tra allora e oggi ci sono di mezzo la crisi e il crollo del sistema sovietico. Ma c'è anche il faticoso superamento della stessa idea di una società socialista alternativa alla società capitalistica". Si alzò, cercò un libro e prese a sfogliarlo: "C'è un mio intervento a un convegno del 1989 a Madrid dedicato al futuro del socialismo. Guardi qua: contravvenendo all'impostazione stessa del convegno, organizzato da un partito socialista al governo, dissi che l'idea di una società socialista non reggeva più".

Lei si considera un riformista. Che vuol dire? "Voler ricostruire lo Stato attraverso una riforma del suo ordinamento. Far diventare l'Italia un Paese normale, anche se ormai può sembrare una banalità. E riproporre il tema sempre più pesante delle disuguaglianze".

Quando anni dopo gli chiesi se con la sua elezione al Quirinale si fosse chiusa una fase storica, Napolitano rispose: "Certamente sì. Io mi sono augurato e mi auguro che si sia chiusa così anche una fase di eccessiva dipendenza italiana dalla storia del passato. Un passato abbastanza lungo, durato più o meno quarant'anni. Il quadro politico internazionale è radicalmente mutato con la caduta del Muro di Berlino nel 1989, ma il quadro politico interno è rimasto a lungo influenzato dalla storia precedente. Mi auguro che, anche attraverso lo sforzo che compio e che sono intenzionato a compiere al Quirinale, si possa ragionare in termini diversi e possa realizzarsi in Italia quel che nel mio messaggio alle Camere ho definito 'il tempo della maturità per la democrazia dell'alternanza'".

"Dunque", chiesi al Presidente, "non le suonerebbe strano se il suo posto, un giorno, fosse occupato da un uomo proveniente dalla storia della destra?". La sua risposta fu chiarissima: "Assolutamente no. Lo troverei del tutto fisiologico. Quel che conta per chi sia eletto Presidente è saper rappresentare tutto il Paese".

Il ruolo di Fini nello scontro con Berlusconi

I primi due anni della presidenza Napolitano furono tranquilli. Come era accaduto prima con Scalfaro e poi con Ciampi, le grane arrivarono con la vittoria elettorale di Berlusconi nel 2008. Un primo forte dissenso ci fu nel febbraio 2009 quando il governo bloccò per decreto l'attuazione di una sentenza che – su richiesta della famiglia – ordinava la sospensione dell'alimentazione forzata a Eluana Englaro, una giovane donna in coma vegetativo da diciassette anni. Il decreto si trasformò in disegno di legge, ma intanto la ragazza moriva. Il primo scontro politico, invece, avvenne sulla giustizia.

Il Cavaliere aveva addosso una quantità di processi tale da doversene occupare quasi ogni giorno. Già nel

2003, il presidente del Senato Renato Schifani (Forza Italia) aveva presentato un lodo che rinviava alla fine del mandato la celebrazione di eventuali processi a carico delle principali cinque cariche dello Stato. Prima di firmare la legge, Ciampi aveva chiesto un parere di costituzionalità a quattro importanti giuristi, ricevendo tre opinioni favorevoli e una contraria. Ciò nonostante, la Corte costituzionale l'aveva bocciata.

Nel 2008 la legge era stata ripresentata con alcune modifiche suggerite dalla Corte. Il Quirinale concordò il nuovo testo, parola per parola, con palazzo Chigi. (Stavolta il lodo portava il nome del ministro della Giustizia, Angelino Alfano). Ma il 7 ottobre, la Corte bocciò anche il nuovo testo con 9 voti contro 6. "La Corte ha undici giudici di sinistra su quindici. Era impossibile che andasse diversamente" sbottò Berlusconi osservando che Scalfaro, Ciampi e Napolitano avevano nominato soltanto giudici progressisti "facendo della Corte un organo politico e non di garanzia. E voi", disse ai giornalisti, "sapete Napolitano da che parte sta". Pronta la replica del Quirinale: "Tutti sanno da che parte sta il Presidente della Repubblica. Sta dalla parte della Costituzione, esercitando le sue funzioni con assoluta imparzialità e in uno spirito di reale collaborazione istituzionale". Ma telefonando quella sera stessa a "Porta a porta", il Cavaliere aggravò le accuse: "Napolitano è espressione della vecchia maggioranza di sinistra. Aveva garantito che con la sua firma il lodo sarebbe stato approvato, vista la sua nota influenza sui giudici…". Il Presidente negò naturalmente l'esistenza di qualunque patto.

Nel 2010 ci fu la rottura tra Fini e Berlusconi. Il presidente della Camera accusò il Cavaliere di avergli sottratto il gruppo dirigente del partito e si arrivò allo scontro frontale del 22 aprile ("Che fai, mi cacci?").

In luglio Fini fondò un partito (Futuro e Libertà) e il 14 dicembre cercò di far cadere il governo, che si salvò alla Camera con soli tre voti di maggioranza, grazie al salto di campo di quattro deputati finiani e alla creazione di un gruppo di "responsabili". Berlusconi si convinse che Fini si muovesse d'accordo col Presidente della Repubblica. "Ti devi rendere conto che Napolitano è della partita, ti rendi conto che è un'intesa con il capo dello Stato? Quindi bisogna procedere all'eliminazione politica di Berlusconi". Questa frase sarebbe stata pronunciata da Fini in un colloquio con il deputato di AN Amedeo Laboccetta. "Credi che mi muoverei così se non avessi un accordo forte con Napolitano?". E Laboccetta, indagato nel 2016 per associazione a delinquere e peculato, ha fatto inserire le sue dichiarazioni negli atti dell'inchiesta per riciclaggio in una vicenda di videogiochi che vedeva coinvolti a vario titolo Fini, la sua compagna Elisabetta Tulliani e suo fratello Gianfranco Tulliani, insieme all'imprenditore Francesco Corallo.

Il 10 ottobre 2014, Franco Bechis scrisse su *Libero* che in un colloquio videoregistrato Luigi Martini, già deputato di AN rimasto amico di Fini, gli aveva detto che dopo lo scontro del 22 aprile 2010 il presidente della Camera ricevette una telefonata da Napolitano che spiegava i "motivi istituzionali" ("L'Italia era sull'orlo del disastro, bisognava salvare il Paese") per cui il governo Berlusconi andava messo in minoranza.

Il "dolce colpo di Stato"

Napolitano è stato certamente un presidente interventista. Se ne ebbe la prova la sera del 17 marzo 2011. Si preparava l'attacco franco-americano contro Gheddafi, con il quale Berlusconi aveva stretto un patto che aveva bloccato il flusso di migranti dalla Libia. Il Presidente della Repubblica e quello del Consiglio erano nel palco reale per assistere al *Nabucco* diretto da Riccardo Muti, nel 150esimo anniversario dell'Unità nazionale. Nell'intervallo si ritirarono in una saletta e Berlusconi, contrario alla partecipazione italiana all'attacco, fu messo in minoranza dalle fortissime pressioni di Napolitano.

Nell'estate dello stesso anno il Presidente della Repubblica pose le premesse per la sostituzione di Berlusconi. Secondo le testimonianze video raccolte da Alan Friedman per il suo libro *Ammazziamo il Gattopardo* (Rizzoli, 2014), Mario Monti ammise che già in giugno Napolitano gli chiese la disponibilità a prendere il posto del Cavaliere. Lo stesso Monti ne parlò in agosto con Carlo De Benedetti e con Romano Prodi. L'11 ottobre il governo fu battuto per un voto sull'approvazione del rendiconto di bilancio (assente, tra gli altri, il ministro dell'Economia, Tremonti). Lo spread in quei giorni schizzò a 400 punti. Il 5 agosto, una lettera a doppia firma del presidente della BCE, Trichet, e del governatore della Banca d'Italia, Draghi, raccomandava al governo una serie di misure severe per il risanamento dei conti, ma anche liberalizzazioni che spiazzarono le sinistre. Il 2 novembre, un drammatico Consiglio dei ministri mise a punto un decreto legge per realizzare gli impegni presi con l'Europa. In quelle ore Tremonti (sospettato da Berlusconi di volerne prendere il posto) si trovava al Quirinale. Napolitano fece sapere che non avrebbe approvato il decreto legge perché Tremonti si rifiutava di firmarlo. Fatto sta che l'indomani, 3 novembre, a Cannes, i risolini di Angela Merkel e Nicolas Sarkozy in danno di un Berlusconi assai indebolito ne compromettevano l'immagine internazionale. Nel 2014 l'ex ministro americano del Tesoro Tim Geithner disse di aver avuto forti pressioni nel 2011 per partecipare a un piano che avrebbe costretto Berlusconi alle dimissioni e di averlo rifiutato d'accordo con Obama. L'ex primo ministro spagnolo Luis Zapatero rivelò di aver sentito negli stessi giorni il nome di Monti nei corridoi di Cannes. Il 16 maggio 2014, Edward Luttwak, commentando *Stress Test* (Crown, 2014), il libro di Geithner, disse che il complotto fu ordito da Merkel e Sarkozy "con l'appoggio di molte persone in Italia tra cui Napolitano". Lo spread era schizzato dopo l'ordine della Merkel alle banche tedesche di vendere titoli di Stato italiani. Il *Wall Street Journal* riferì di una telefonata a Napolitano in cui la Merkel chiedeva un cambio a palazzo Chigi nella convinzione che Berlusconi non avrebbe retto alla tempesta finanziaria.

L'8 novembre, il rendiconto dello Stato fu approvato con 308 voti, otto in meno della maggioranza assoluta. Nonostante in altre circostanze un governo fosse sopravvissuto a votazioni del genere (come sarebbe avvenuto per Giuseppe Conte nel 2020), Berlusconi fu invitato da Napolitano a dimettersi, prima di essere sfiduciato. Nel report sulla vicenda di Forza Italia, si sostiene che il Presidente della Repubblica avrebbe invitato alcuni parlamentari del Popolo della Libertà a lasciare la maggioranza per il bene del Paese. Il 9 novembre, il capo dello Stato nominava a sorpresa Mario Monti senatore a vita: una polizza d'assicurazione sul futuro visto l'incarico che stava per dargli. Sotto i colpi di uno spread schizzato a 557 punti (per ripiegare a 552) il giorno della perdita della maggioranza, una volta approvata la manovra finanziaria, il 12 novembre, Berlusconi si dimetteva in un clima da 25 luglio e Monti ne prendeva il posto.

La sera del 20 novembre, a Santa Cecilia per il concerto di Claudio Abbado che tornava dopo trentuno anni sul podio romano, Giorgio Napolitano fu salutato da un'ovazione mai vista. Era il salvatore della patria. Jurgen Habermas, famoso sociologo della sinistra tedesca, parlò di un "dolce colpo di Stato".

Repubblica semipresidenziale

Non c'è dubbio che Napolitano abbia introdotto in Italia una Repubblica semipresidenziale. Il primo a dargliene atto il 2 dicembre 2011 fu il *New York Times*, chiamandolo "Re Giorgio": "Ha orchestrato uno dei più complessi trasferimenti politici dell'Italia del dopoguerra", diventando "un garante chiave della stabilità politica" in tempi instabili. "Una performance tanto più impressionante dato che la presidenza italiana è largamente simbolica, senza poteri esecutivi", ma Napolitano "ha spinto questo ruolo fino ai limiti diventando un *power broker*". "È emerso come l'anti-Berlusconi", annotava il giornale americano, sintetizzando una chiave di lettura della presidenza.

In un colloquio con Eugenio Scalfari (*la Repubblica*, 5 luglio 2012), Napolitano disse: "In questi sei anni al Quirinale ho potuto meglio comprendere come il Presidente della Repubblica italiana sia forse il capo di Stato europeo dotato di maggiori prerogative... Il solo al quale la Costituzione attribuisce poteri in vario modo precisi e incisivi è quello italiano".

In realtà, la Costituzione è la stessa dal 1948, ma i poteri reali del capo dello Stato, da Scalfaro in poi, sono enormemente aumentati. Sono aumentati perché si sono progressivamente indeboliti i poteri reali dei governi. L'articolo 87 della Carta attribuisce, in realtà, al Presidente della Repubblica poteri piuttosto fragili. Vi è scritto, per esempio, che "promulga le leggi", non che ne concorda preventivamente ogni virgola con il governo, imponendo il proprio punto di vista se la legge in preparazione non gli piace, con la minaccia di non firmarla. Un governo forte può imporgli di firmarla, rispedendogliela una seconda volta. Ma questo non è mai accaduto.

Con l'aggravarsi della crisi economica più lunga della storia moderna e con il progressivo indebolimento politico di Berlusconi (dal 2010, quando ci fu la rottura con Fini) i poteri del Presidente Napolitano si sono via via ingigantiti, fino alla crisi del 2011 di cui è stato il magistrale regista. Il suo ruolo è diventato ancora più strategico con la formazione del governo Letta e la gestione della drammatica crisi apertasi dopo la sentenza definitiva di condanna di Berlusconi. Il protagonismo del capo dello Stato è esaltato dall'estrema debolezza dell'intera classe politica della Seconda Repubblica, incomparabilmente maggiore di quella della Prima, i cui leader − non sempre migliori di questi − erano senza dubbio più strutturati e più consapevoli dei loro poteri. L'evoluzione decisionista (e quindi presidenzialista) di Napolitano ha sorpreso chi ne conosce l'estrema prudenza caratteriale che, pur avendogli sempre procurato molta stima, non lo ha mai, per esempio, messo nella rosa degli aspiranti alla segreteria del PCI.

Drammatico agguato a Franco Marini

Giorgio Napolitano immaginava di congedarsi dal Quirinale lasciando una situazione di governo tranquilla. Invece, dopo il sorprendente pareggio elettorale, l'ostinazione di Bersani a non volersi rivolgere al centrodestra e l'ostinazione di Grillo a non volerne sapere di allearsi con lui costringevano Monti a proseguire, oltre ogni previsione, la gestione ormai paralizzata del governo. Il segretario del PD non pensò, in un primo momento, di eleggere il nuovo capo dello Stato senza un accordo con il centrodestra. Aveva in mente cinque nomi (Amato, Marini, D'Alema, Mattarella e Anna Finocchiaro). Prodi non c'era perché non sarebbe stato votato dal Popolo della Libertà.

L'accordo su Marini fu facile. Se si voleva un Presidente della Repubblica condiviso, il nome giusto sembrava il suo ("Era un uomo del nostro campo", mi disse Bersani, "Non dimentichiamo che nel 1995 aveva spaccato il Partito Popolare pur di non andare con Berlusconi"). Gianni Letta combinò, allora, un incontro con il Cavaliere. "Di te mi fido" fu la conclusione di Berlusconi.

Sono stato per decenni amico di Franco Marini, portato via dal Covid il 9 febbraio 2021, per comunione d'origine e di valori. In quei giorni Luigi Piovano, il bravissimo primo violoncello di Santa Cecilia, mi aveva regalato una bottiglia di Trebbiano '93, considerato il migliore del mondo, di Edoardo Valentini, amico mio e di Franco. Lo dissi a Marini, e lui rispose: "Lo berremo a casa tua". Dopo l'elezione al Quirinale, s'intende. Quel brindisi non ci fu.

La sera stessa del 17 aprile, a poche ore dal primo voto delle Camere riunite, l'assemblea dei parlamentari del Pd al teatro Capranica registrò una rivolta mai vista nella storia di quel partito. "Marini è stato scelto da Berlusconi" tuonò da lontano Matteo Renzi, il più irriducibile dei suoi avversari. Gli amici di Prodi, guidati da Sandra Zampa, levarono gli scudi, mentre arrivavano notizie dell'invasione dei circoli del PD da parte di iscritti arrabbiati, soprattutto nell'Italia centrale e settentrionale. Fuori del teatro, qualcuno si faceva riprendere dalle telecamere mentre strappava la tessera del PD e rumoreggiavano militanti dei 5 Stelle in favore di Stefano Rodotà. Bersani mi spiegò quella rivolta con il timore di una parte della base che Marini avrebbe favorito la costituzione di un governo di larghe intese. Ipotesi mai presa in considerazione. Marini risultò comunque vincitore in assemblea, con 222 voti a favore contro 90.

L'indomani mattina avvenne la catastrofe annunciata. Sulla carta, Marini poteva contare su oltre 700 voti, tra PD, PDL, Lega Nord, Scelta Civica, Fratelli d'Italia e altri. Per essere eletto al primo turno, gliene sarebbero bastati 672, la maggioranza assoluta. Ne ebbe soltanto 521, mentre Rodotà, candidato del M5S e di SEL, ne prese 240, 77 in più del previsto: segno che molti parlamentari del PD avevano votato per lui. Per Marini aveva votato poco più della metà dei parlamentari del PD.

Nel pomeriggio di quel 18 aprile, mentre PD e PDL votavano scheda bianca per prendere tempo, andai a trovare Marini nel suo studio a palazzo Giustiniani. "Io non mollo", mi disse. "Nessun candidato al Quirinale, nella storia repubblicana, è stato bocciato dopo aver preso al primo scrutinio più della maggioranza assoluta necessaria per eleggerlo al quarto". Quella sera fu il partito a mollare lui, dopo molte resistenze. E l'indomani Marini rinunciò. Toccava, dunque, a Prodi.

101 fucilieri contro Romano Prodi

Prima di partire per il Mali, il 10 aprile, il Professore era stato sorpreso mentre faceva jogging, accompagnato dall'auto della scorta, a villa Borghese. Qualche giornale montò uno scandalo, fingendo di non sapere che chi è scortato deve essere seguito in ogni momento della giornata. Gli mandai un SMS affettuoso, lui mi ringraziò e aggiunse: "Come vedi, corro in pianura. Mi tengo lontano dai colli..." alludendo a quello più alto di Roma, il Quirinale. Risposi: "Mai dire mai...". La sua candidatura ebbe uno sviluppo ancora più sorprendente e drammatico di quella di Marini.

Durante la notte del 19 aprile, il PD entrò nel caos. D'Alema e altri insistevano ancora su Marini, che però venne progressivamente abbandonato. In quel momento Prodi era a Bamako, capitale del Mali, come inviato speciale del presidente dell'ONU nel Sahel. Nel Mali funzionano i cellulari, ma non la posta elettronica, per cui buona parte delle trattative avvenne via SMS. Diede comunque il consenso perché la sua candidatura fosse sottoposta al voto dell'assemblea. Alle 8.15 del mattino di venerdì 19 aprile, quando tutti si ritrovarono al Capranica, l'accordo sembrava raggiunto. Nel momento in cui Bersani disse: "Vi propongo il nome di Prodi", applaudì la gran parte dei presenti, non tutti. Il segretario propose la votazione per alzata di mano, ma non ci fu bisogno di contare le braccia, visto che erano tante, e Sandra Zampa, storica collaboratrice di Prodi, poté scrivere al Professore: "C'è stata praticamente una standing ovation. Sono commossa. Sentiti tranquillo".

Alla terza votazione in Parlamento, PD e PDL votarono ancora scheda bianca (serviva la maggioranza assoluta) aspettando che Prodi fosse eletto alla quarta, pur senza i voti del centrodestra.

Prima che a Roma ci fosse la quarta votazione, mentre cresceva la candidatura di Stefano Rodotà proposta da Beppe Grillo, Sandra Zampa cominciò a sentire puzza di bruciato. Di lì a poco la telefonata di Prodi dal Mali: "Sandra, tranquilla: ho già detto a Flavia (la moglie) e a Giorgio (il figlio) che non passerò". Il Professore aveva capito da tre telefonate che non sarebbe stato eletto. Telefonata a Monti. Il presidente del Consiglio uscente fa capire a Prodi che il suo nome è divisivo e che Scelta Civica non può votarlo. Telefonata a Rodotà. Ambigua. (Mi disse che si era ritirato in favore di Prodi, ma al Professore non lo avrebbe detto). Telefonata a D'Alema. Disse a Prodi che non era vero che al mattino tutti avevano applaudito la notizia della sua candidatura, anzi molti parlamentari si erano trovati davanti una scelta che sembrava imposta: la decisione di Bersani era stata affrettata, e si sarebbe dovuta aprire una discussione politica. Insomma, dopo la liquidazione di Marini, Prodi si sarebbe esposto a una trappola. Da questa telefonata il Professore capì che non sarebbe stato eletto e ne informò la moglie e il figlio, entrambi molto sollevati.

Nel pomeriggio di venerdì 19 aprile, un plotone d'esecuzione di 101 fucilieri mascherati abbatteva Romano Prodi. "In realtà", mi disse Sandra Zampa, "i franchi tiratori sono stati almeno 120, perché alcuni di Scelta Civica hanno votato per il Professore. Eravamo certi che almeno 30 dei nostri non l'avrebbero mai votato, i più pessimisti si spin-

gevano fino a 50. Ma sono mancati 30 o 40 voti dei dale-
miani, e altrettanti dei Popolari vicini a Marini". Qualcuno
voleva che Prodi non ritirasse la candidatura, ma lui fu inflessibile. "Chi mi ha portato a questa decisione deve farsi
carico delle sue responsabilità" disse in una dichiarazione.
Non mi cercate più, mandò a dire il Professore: non aveva
rinnovato la tessera del PD, non l'avrebbe fatto.

Bersani era sconvolto e si dimise da segretario del
partito.

Napolitano rieletto. Niente grazia al Cavaliere

Quando ogni ipotesi verosimile cadde, Bersani, Gianni ed Enrico Letta convennero che l'unica soluzione
rimasta era scongiurare Napolitano di accettare la ri-
conferma. Si mossero di comune accordo, ma separa-
tamente. Il primo passo lo fece Gianni Letta. "Se non
sono venuto insieme a Bersani", disse al capo dello Stato, "è solo per ragioni di opportunità. Ma Pier Luigi ti
chiamerà subito, e ti saremmo davvero grati se accettassi
di restare". Napolitano rispose che non l'avrebbe fatto:
non era mai accaduto che un Presidente fosse confermato. "E poi", aggiunse, "ho concluso il mio settennato nel consenso unanime del Parlamento e del Paese.
Probabilmente, una ricandidatura non sarebbe coronata
dallo stesso successo e finirebbe per gettare una piccola
ombra sul settennato precedente". Gianni Letta salì per
tre volte al Quirinale per convincerlo.

La mattina di sabato 20 aprile, dopo l'ultimo rifiuto, le cose cambiarono nel giro di un paio d'ore. Gianni Letta parlò con Monti e lo convinse a unirsi ai due partiti maggiori. Nell'ordine, salirono al Quirinale: Bersani con Enrico Letta, Berlusconi con Gianni Letta, Monti e – il colpo più spettacolare che impressionò il capo dello Stato – Vasco Errani con tutti i presidenti di regione che si trovavano a Roma per le elezioni del Presidente della Repubblica. Alle 13.37, il Quirinale diffondeva una nota per comunicare che PD, PDL, Lega Nord e Scelta Civica sollecitavano una "manifestazione di unità e coesione nazionale attraverso la rielezione del Presidente Napolitano". Lo stesso Napolitano, alle 14.23 (le Camere si sarebbero riunite alle 15), accettava la ricandidatura: "Mi muove in questo momento il sentimento di non potermi sottrarre a un'assunzione di responsabilità verso la nazione". Era fatta. Rodotà non ritirò la propria candidatura. Alle 18.50, Giorgio Napolitano veniva rieletto con 738 voti (ne sarebbero bastati 504). Rodotà ne otteneva 217.

Appena rieletto, Napolitano dettò le sue condizioni al Parlamento: subito un governo del dialogo e le riforme elettorale e istituzionale, altrimenti me ne vado. Si sparse la voce che l'incarico per formare il nuovo governo di unità nazionale andasse a Giuliano Amato, che il capo dello Stato sapeva gradito anche a Berlusconi. Ma la mattina del 24 aprile, all'uscita dalla Fondazione Civita, dov'era stata allestita la camera ardente di Antonio Maccanico, Napolitano disse a Gianni Letta che avrebbe dato l'incarico al nipote Enrico, contro le indicazioni del PD favorevole ad Amato. Poco dopo, fu Gianni Letta a comunicare la sgradevole novità ad Amato, anche lui andato a onorare la salma di Maccanico. Amato restò basito: il Presidente aveva fatto di testa sua. Enrico Letta fece un governo allargato a Forza Italia, che entrò in fibrillazione il 1° agosto 2013, dopo la condanna in Cassazione di Berlusconi per frode fiscale e la sua consegna agli arresti domiciliari la sera stessa. Sull'andamento di quel processo e su quanto accadde in camera di consiglio, otto anni dopo ci sono ancora polemiche per nuove rivelazioni. Angelino Alfano mi raccontò (come ho riportato in *Italiani voltagabbana*, Mondadori, 2014) che il 24 settembre incontrò il Presidente della Repubblica sondando la possibilità della concessione della grazia al Cavaliere. Secondo Alfano, se Berlusconi si fosse dimesso prima della decadenza, Napolitano avrebbe firmato il provvedimento anche senza una richiesta del condannato e avrebbe allo stesso tempo chiesto al Parlamento un provvedimento generalizzato di amnistia e di indulto, di cui si parlava da tempo. A Fabrizio Cicchitto, allora presidente dei deputati del Popolo della Libertà, Napolitano disse invece che avrebbe concesso la grazia se l'avessero chiesta i figli di Berlusconi e avesse lasciato la presidenza del partito. Berlusconi non accettò.

Il 2 ottobre – dopo la minaccia dei parlamentari del PDL di dimettersi da deputati – Berlusconi fece retromarcia e confermò la fiducia al governo. Dopo la decisione della commissione per le immunità di considerare decaduto il Cavaliere dalla carica di senatore, il 16 novembre il PDL aprì la crisi determinando la scissione di Alfano e di altri tre ministri del centrodestra. Il 14 febbraio 2014, Matteo Renzi dimissionava Letta prendendone il posto. E con Napolitano non andò tutto liscio. Il giovane premier fece una mossa suicida facendosi bocciare un magistrato (Nicola Gratteri) come ministro della Giustizia (andò Andrea Orlando) per poi insistere prima con Lia Quartapelle e poi con Federica Mogherini agli Esteri, nonostante Napolitano volesse fortemente Emma Bonino. Quando la Mogherini andò a Bruxelles come ministro degli Esteri europeo, Renzi propose per sostituirla Marina Sereni ed Elisabetta Belloni. Napolitano le bocciò entrambe rilanciando su Lapo Pistelli, nome indigesto per Renzi. Alla fine ci fu accordo su Paolo Gentiloni.

Il 14 gennaio 2015, sulla soglia dei novant'anni, Napolitano si dimise invocando gli impedimenti dell'età. Ha continuato a lavorare a lungo nel suo studio di palazzo Giustiniani e io stesso nel 2019 ne ho raccolto una lucida testimonianza per un documentario sull'Italia del 1948.

Clio Napolitano,
nonna di ferro a Palazzo

Accadde agli inizi degli anni Sessanta. Giorgio Napolitano, segretario della federazione napoletana del PCI, era andato ad Acerra, in provincia di Napoli, per un'assemblea di agricoltori. Durante il comizio, uno dei presenti disse: "Vedi, quello è il marito dell'avvocato nostro". L'avvocato Clio Bittoni Napolitano difendeva e sosteneva quei lavoratori in tribunale, e quella battuta lei la ricordava sempre volentieri, con orgoglio. Perché il riscatto, il senso di parità, la voce in capitolo ce l'aveva nel sangue.

Il 20 ottobre 2006, ai ragazzi delle scuole di Monterenzio, in provincia di Bologna, disse: "Oggi ci sono tutte le condizioni per cui una donna diventi Presidente della Repubblica. Sarebbe una cosa normale".

Credeva nell'indipendenza e nell'autonomia delle donne senza farne un proclama. Dopo il trasferimento a Roma con la famiglia, entrò nell'ufficio legislativo della Lega delle cooperative. Lasciò il lavoro solo. quando suo marito fu eletto presidente della Camera: "Non mi sembrava il caso di continuare, visto che i miei interlocutori erano i presidenti delle commissioni parlamentari. Poi avevo già una certa età, 57 anni".

Clio Bittoni è nata a Chiaravalle, nelle Marche, ma fu concepita sull'isola di Ponza dove i suoi genitori erano confinati. Quel nome, Clio, fu un omaggio a un loro amico greco, anch'egli confinato. Un nome laico però che i suoi nonni tentarono presto di cancellare facendola battezzare con il nome Maria.

Quel battesimo che i figli, Giovanni e Giulio, non ebbero e non per puntiglio di Clio. Lei avrebbe voluto non fare torto alla suocera che, quando nacque il primogenito, arrivò a Roma con il vestitino del battesimo di uno dei suoi figli, ma fu Giorgio a opporsi.

"La *first lady* cresciuta a pane e politica" titolava un articolo di Alessandra Vitali su *la Repubblica*, 14 gennaio 2015. La madre, Diva Campanella, fu una socialista impegnata anche dopo la Liberazione.

La signora Clio ricordava bene le estenuanti riunioni in cui veniva trascinata "perché non potevano lasciarmi sola […]. Mi annoiavo moltissimo, spesso mi facevo delle dormitine".

Con gli anni non dormirà più, diventerà avvocato: a quei tempi a Napoli, dove la famiglia si era trasferita e dove lei si laureò, gli avvocati donna si contavano sulle dita di una mano. È a Napoli che conoscerà Giorgio; lo ritroverà a Roma alla fine degli anni Cinquanta, dove se n'era andata a fare pratica presso uno studio. Non aveva soldi, e come raccontò a Paola Severini per il libro *Le mogli della Repubblica* (Baldini Castoldi Dalai, 2006), "vivevo con un'amica in una stanza d'affitto in un appartamento privato, mangiavamo solo cibo di rosticceria, mi erano venute le macchie di fegato sul collo. Quando Napolitano cominciò a invitarmi a cena, a casa mia dissero che m'aveva preso per fame".

Quando, nel 1959, Clio ha sposato Napolitano in Campidoglio con rito rigorosamente civile aveva venticinque anni. Lui nove di più, trentaquattro. "Io non ho pensato che fosse un rapporto destinato a non durare: in ogni caso, questo lo dico sempre, se non fosse durato io non ne avrei più instaurato un altro".

A fare da testimoni c'erano Gerardo Chiaromonte, ingegnere, compagno di partito, politico, poi anche presidente della commissione parlamentare antimafia, e un altro compagno di Caserta diventato poi deputato e collaboratore di Napolitano nel gruppo del PCI.

Raccontò Clio: "Andammo in viaggio di nozze con il treno e la corriera a San Gimignano, prima volevamo girare, ma poi ci siamo trovati così bene in quell'albergo sulla piazza che non ci siamo più mossi! Ci siamo tornati alcuni giorni dopo per la presentazione di un film dei fratelli Taviani".

La loro è ed è stata una vita molto "intima" per usare un termine caro alla signora Clio. Hanno condiviso spazi piccoli, vivendo e lavorando fianco a fianco. Se lei parlava al telefono, il marito continuava tranquillamente a scrivere, senza sentire il peso dell'altro. A Clio piaceva anche litigare, alzare la voce, ma Giorgio era certamente più pacato, "…uno che ragiona" disse lei. I loro figli di questo viversi un po' addosso se ne lamentavano: "Ma perché dobbiamo vivere tutti mischiati?".

La coppia, questa percezione, però, non ce l'aveva. Quando Napolitano divenne Presidente della Camera, sua moglie, all'inizio, si oppose a un trasferimento, non voleva cambiar casa, amava il loro piccolo appartamento in via dei Serpenti. E lo stesso problema si presentò con la presidenza della Repubblica. Al Quirinale lei e il Presidente occupavano l'appartamento del palazzo della Panetteria, al 96 di via della Dataria. Lì si erano spostati dopo cinque anni lasciando l'ala quirinalizia riservata ai Presidenti, da cui Clio entrava e usciva dal portone secondario che conduce ai Giardini. Non volle né scorte né accompagnatori. Tentarono di metterle al seguito, in massima segretezza, due uomini della sicurezza, ma a lei la cosa non sfuggì. Difendeva la sua autonomia fino alla rabbia. Quando alcune vecchie compagne di partito, in occasione del sessantesimo compleanno della storica sezione del PCI, in via dei Giubbonari, ex Casa del

Fascio occupata dai partigiani, le si rivolsero chiamandola "donna Clio", se ne risentì amaramente sbuffando.

E come fu felice, in quei giorni di gennaio del 2015, quando fece ritorno in via dei Serpenti, che poi dal Quirinale sono due passi. Infatti casa loro era sempre rimasta aperta. Ordinata, frequentata comunque da chi ci aveva vissuto una vita, e che ora tornava ad aprire le finestre.

Fu lì, il 28 giugno 2007, che donna Clio era passata per "nascondere" il regalo, una vestaglia di seta, per il compleanno del marito che cadeva l'indomani. Lasciata via dei Serpenti, nell'attraversare la strada che conduce alla Porta Giardini del Quirinale, nonostante il traffico bloccato dal vigile urbano, venne investita. Un incidente che le costò la frattura della tibia sinistra e della spalla destra. Dunque, per poter usare le stampelle doveva prima mettere a posto la spalla. Una lunghissima convalescenza e riabilitazione attenuate dal soggiorno nella tenuta di Castelporziano dove il Presidente trascorse l'estate e la prima parte dell'autunno.

Tornati in via dei Serpenti, dopo le dimissioni, dirottarono soltanto un po' di libri e fascicoli a palazzo Giustiniani presso l'ufficio di senatore a vita.

E, forse, la signora Clio tornò anche a buttare l'immondizia, come faceva una volta, nei cassonetti vicino alla Banca d'Italia, mettendola in buste di boutique perché le sembravano più decorosi di quei brutti sacchetti di plastica. Un piccolo vezzo di una donna molto essenziale che dai protocolli non si è lasciata soffocare.

La previsione forse l'azzeccò l'onorevole Livia Turco: "Sarà un inedito mix tra lei molto autonoma e loro due molto coppia".

Quasi nove anni al Colle, da quel 15 maggio del 2006. Il Parlamento riunito in assemblea congiunta. Clio assiste ai lavori parlamentari con una nipotina, tra i banchi di Montecitorio: tailleur blue, cappellino scuro. Il marito da lì a poco giurerà.

Sempre impegnata, attiva, ma consapevole che il ruolo del marito la invitava a un passo indietro, e lei lo ha fatto. Nei viaggi ufficiali, nelle visite, nelle occasioni istituzionali. Elegante, spesso con le giacche di pizzo di Lella Curiel, al cui *front row* delle sfilate sovente presenziava la nostra First. Un look mai ingessato, il suo. Certo, tagli classici e bellissime spille antiche, ma indossate con grande contemporaneità.

Fece rumore la lettera che Clio Napolitano inviò a *Repubblica* il 9 maggio del 2012. Una lettera nella quale la signora sottolineava che non era il numero di violenze subito dalle donne a dover essere sottolineato, perché "io mi chiedo se in termini statistici ciò non sia dovuto al fatto che le norme introdotte nel nostro ordinamento abbiano incoraggiato la denuncia da parte delle vittime di tali reati, tenuto conto che la maggior parte di essi vengono commessi nell'ambito familiare, il più difficile da penetrare. [...] A mio parere sarebbe forse più incisivo accelerare le procedure relative alla condanna del colpevole o dei colpevoli, una volta che la donna abbia trovato il coraggio di denunciare il reato e di affrontare il processo la cui lentezza è cosa nota". Ma aggiunse qualcosa che suonò come una stoccata e urtò la suscettibilità di molte donne: "Un'ultima considerazione: mi ha colpito, sempre in relazione ai recenti fatti di cronaca, l'uso della parola *femminicidio* per indicare una insana concezione del genere femminile come presupposto dell'atto di violenza, diverso dal reato di omicidio. Non ho dubbi che questo tipo di violenza affondi le sue radici nella discriminazione di genere, in una concezione proprietaria della donna, in un certo maschilismo presente nella nostra società. Tuttavia mi chiedo: le donne che tra tanti innumerevoli pregi hanno anche quello della fantasia, non potrebbero inventare un'altra parola, avendo istintivamente colto in *femminicidio* un'intonazione di disprezzo? Oppure si tratta di una diversa sensibilità generazionale?".

Questa è Clio Napolitano.

12
Sergio Mattarella
Presidente di tre crisi bizzarre

Nascita e caduta della candidatura Casini

Il patto del Nazareno sulle riforme fu concordato nell'ufficio di Matteo Renzi, nella sede del Partito Democratico, il 18 gennaio 2014 e, secondo la versione di Silvio Berlusconi, Gianni Letta e Denis Verdini, ufficiale di collegamento tra le parti (versione mai confermata da Renzi), al primo punto ci fu proprio l'accordo sul fatto che il nuovo capo dello Stato avrebbe dovuto avere l'approvazione di Forza Italia. Sergio Mattarella è stato eletto il 31 gennaio 2015. In un anno esatto di trattative il tema del successore di Napolitano fu sempre rinviato. Tutte le riunioni finivano con "Poi c'è il capo dello Stato...". Nonostante il passare dei mesi, però, Renzi aveva sempre rassicurato i suoi interlocutori. Avvicinandosi la data dell'elezione, Berlusconi, Letta e

Verdini (trio fisso agli incontri con Renzi) insistevano: "Facciamo dei nomi". Il Cavaliere, che aveva commissionato dei sondaggi di popolarità, disse al presidente del Consiglio: "Inventiamoci una sorpresa". Gli propose due nomi: quello di una persona totalmente estranea al mondo della politica (arrossendo posso rivelare che si riferiva al vostro autore, che lo ha saputo da Renzi: ipotesi evidentemente fantasiosa) e quello del generale dei carabinieri Leonardo Gallitelli, che nel gennaio 2015 avrebbe lasciato il comando dell'Arma dopo cinque anni e mezzo di servizio. Renzi non si lasciò persuadere. Allora Berlusconi propose Giuliano Amato e l'altro rispose che era una scelta possibile.

Trascorsero le vacanze di Natale e in un incontro all'inizio di gennaio il Cavaliere ribadì a Renzi che la prima scelta di Forza Italia era Amato.

Spuntò anche il nome di Pier Ferdinando Casini. E Letta lo sponsorizzò in uno degli incontri con Renzi, che replicò: "Certo, per me è un candidato possibile. Il problema è che i miei non lo votano". Quando Letta lo riferì a Casini, lui gli rispose: "So che Renzi è su posizioni più morbide nei miei confronti e Bersani su posizioni più drastiche. Ma se non c'è un veto esplicito di Renzi su di me e da parte vostra c'è un sostegno, i voti me li trovo io visto che in Parlamento ho una certa popolarità" (forse non ricordava un simile scambio di battute tra Andreotti e Fanfani alle elezioni per il Quirinale del 1971.

Andreotti, presidente dei deputati DC, avvertì Fanfani che i comunisti non l'avrebbero votato. Fanfani rispose: "Tu portami i voti democristiani. Agli altri ci penso io". Fu eletto Giovanni Leone...).

Il nome di Giuliano Amato venne inopinatamente fuori da una battuta di Berlusconi al *Corriere della Sera*. Renzi se la prese: "Non potete darmi un nome secco", disse al Cavaliere e a Letta, "perché, semmai, questo dovrei farlo io...". Berlusconi precisò di essersi limitato a tracciare un identikit dell'ideale Presidente della Repubblica, senza menzionare e sponsorizzare esplicitamente alcuna candidatura. Preso atto del chiarimento, il premier tornò sul nome di Casini per ribadire che, pur non ponendo alcun veto, era scettico sul fatto che potesse spuntarla. Casini, al contrario, era convinto che la sponsorizzazione di Berlusconi fosse la carta vincente e si mosse per un riavvicinamento tra Alfano e Berlusconi, dopo la traumatica scissione successiva alla nascita del governo Letta. Così, il 19 gennaio, fu organizzato un incontro riservato alla prefettura di Milano, a cui parteciparono in sette: Berlusconi, Toti e Niccolò Ghedini per Forza Italia; Angelino Alfano, Maurizio Lupi e Gaetano Quagliariello per il Nuovo Centrodestra; Lorenzo Cesa per l'UDC.

Nelle sale austere della prefettura milanese, il centrodestra trovò l'accordo sul nome di Casini al Quirinale. I convenuti si dissero che quell'incontro sarebbe stato il primo di una serie destinata a ricostituire il fronte moderato anche alle elezioni amministrative della primavera 2015. Nessuno sembrò dar peso al fatto che, se Alfano fosse tornato alla casa del Padre, il governo sarebbe entrato in crisi. Ma la festa era troppo grande per guastarla con un dettaglio.

Dettaglio che allarmò invece Matteo Renzi, tenuto all'oscuro dell'incontro milanese. Il mattino del 20 gennaio, il presidente del Consiglio telefonò a Denis Verdini: "Berlusconi", gli chiese a bruciapelo, "sta trattando con Alfano per far cadere il governo?". Verdini negò, in assoluta buonafede: non sapeva nulla di quanto era accaduto alla prefettura di Milano. "Alfano ha incontrato Berlusconi?" insistette Renzi. Ma l'altro continuò a negare.

Quel giorno era prevista una colazione a palazzo Chigi. Questa volta i commensali erano sei. Renzi era affiancato dal sottosegretario Luca Lotti e dal vicesegretario del PD Lorenzo Guerini; Berlusconi da Letta e Verdini. Tutti si accorsero subito che il presidente del Consiglio era di cattivo umore. "Caro Silvio", attaccò, "io ho grandissima stima per Angelino, ma tu vuoi ricostituire con lui il centrodestra e, se pensate di fregarmi, ti sbagli. Allora mettiamola così: o tu fai l'accordo con me sulla legge elettorale, e io sono disposto ad accogliere alcuni vostri emendamenti, compreso quello sui capilista bloccati che è indigeribile per il PD, e a trovare un accordo anche sul capo dello Stato. Oppure, se tu tratti con

Alfano, io ricompatto il mio partito e il capo dello Stato me lo eleggo da solo".

Battuti D'Alema e Berlusconi. Mattarella al Quirinale

L'indomani, 21 gennaio, il Cavaliere disse a Renzi che accettava l'accordo sulla legge elettorale, approvata il 27 gennaio al Senato con il voto determinante di Forza Italia, che compensò la dissidenza della sinistra PD. Sulla legge elettorale Berlusconi aveva ottenuto i capilista bloccati, e quindi, di fatto, il via libera alla nomina dei deputati scelti da lui. Per converso, impedendo ai partiti di coalizzarsi tra loro, le nuove norme erano considerate un suicidio per Forza Italia.

"Concessi *obtorto collo* anche quest'ultima prova d'amore", mi disse più tardi il Cavaliere, "proprio in considerazione dell'imminente elezione del capo dello Stato". Era felice del ritrovato accordo con Alfano, convinto di portare Casini al Quirinale e di far cadere il governo. È davvero straordinario vedere come, nei momenti decisivi, anche gli uomini più smaliziati possano peccare di ingenuità. Ma tant'è.

Per fare il colpo, però, il Cavaliere aveva bisogno di un accordo con la sinistra alle spalle di Renzi. Sondò il deputato pugliese Francesco Boccia, che gli parlò delle modeste possibilità di Casini, ma gli chiese di rispondere a una telefonata di Massimo D'Alema, il quale voleva avere in diretta da lui la conferma della disponibilità di Forza Italia a votare Amato.

D'Alema era il più acceso avversario di Renzi. Non gli perdonava la "rottamazione", che gli aveva impedito l'ingresso in Parlamento nell'ultima legislatura. E non gli perdonava, soprattutto, di non aver speso una parola in suo favore al momento della nomina dell'alto commissario per la politica estera, incarico poi affidato a Federica Mogherini.

Quando Berlusconi rilanciò il nome di Amato, D'Alema acconsentì: "Per me va benissimo. Può diventare Presidente anche se Renzi si oppone".

L'inizio delle votazioni per il nuovo capo dello Stato era fissato per il 29 gennaio. Il 28 la delegazione ristretta di Forza Italia guidata da Berlusconi andò a pranzo a palazzo Chigi, convinta di dover scegliere finalmente fra Amato e Casini (quest'ultimo era certo che Amato sarebbe stato bruciato dai franchi tiratori e che, poi, sarebbe toccato a lui). Quella stessa mattina Renzi, furioso, aveva telefonato a Gianni Letta. "Non mi faccio prendere per i fondelli da voi", si lamentò il presidente del Consiglio, "Berlusconi sta trattando alle mie spalle con la sinistra del PD. Io ero pronto a portare al Quirinale Amato come candidato mio e di Berlusconi, ma se è il candidato di Berlusconi e di D'Alema, non ci sto". Letta rispose che non c'era nessuna trattativa, nessuna trappola, che avrebbe parlato con il Cavaliere e tutto si sarebbe chiarito a colazione.

Il Cavaliere, Letta e Verdini salirono al piano nobile di palazzo Chigi e si accomodarono nel salotto del presidente del Consiglio. Quando Renzi entrò, Berlusconi gli disse: "Guarda che con D'Alema non c'è stato alcun incontro. Ho semplicemente risposto a una sua telefonata in cui mi chiedeva se fosse vero che avremmo votato per Amato. Gli ho detto di sì e la telefonata si è conclusa in pochi secondi". Il presidente del Consiglio sbiancò, e non fu il solo. Allora, pensò, tutto quello che mi è stato riferito è vero. Fece accomodare gli ospiti in sala da pranzo e disse asciutto: "Il mio candidato è Sergio Mattarella". Berlusconi ribatté: "Non ci sto". Ma Renzi insistette: "Votate Mattarella. È una buona scelta anche per voi".

La mattina del 29 gennaio, Renzi telefonò prima a Gianni Letta e poi a Berlusconi: "Vado alla direzione del partito. Proporrò Mattarella". Col suo consolidato realismo, Letta aveva capito che ogni altra partita era perduta e aveva chiamato Mattarella. Poi aveva cominciato a lavorare Berlusconi ai fianchi: "Silvio, io lo conosco bene". E ricordò che dopo le elezioni del 2013 e dopo il clamoroso affondamento di Prodi, e prima che Napolitano fosse costretto a prolungare il suo mandato, Bersani aveva proposto al Cavaliere il nome di Mattarella, perché anche allora Amato non aveva i voti.

Letta aveva convinto il Cavaliere a incontrarlo. "Mi è sembrato un galantuomo..." aveva osservato lui dopo averlo conosciuto di persona, e si era detto perfino pronto a votarlo. Poi il clima si era intorbidito e dovette restare Napolitano. "La persona che due anni fa eri disposto a votare", obiettò Letta a Berlusconi, "non può essere diventato il diavolo. Ormai il PD ha fatto la sua scelta. Andiamo a incontrare Mattarella e ad assicurargli il tuo voto".

Non aveva ancora posato il ricevitore, che dal Nuovo Centrodestra si alzarono in volo i bombardieri. Letta informò Casini che Renzi aveva deciso per Mattarella e bisognava dargli una risposta sull'atteggiamento che avrebbe tenuto Forza Italia. Casini lo invitò a raggiungerlo (c'era tutto lo stato maggiore del suo partito) con Berlusconi e Verdini.

Quando i tre entrarono nello studio, lo trovarono che li aspettava in piedi. "Noi abbiamo ricostituito il centrodestra", disse con una certa solennità, "tra noi si è stabilito un patto di ferro. Non dobbiamo votare Mattarella". Qualcuno dei presenti aggiunse: "Dobbiamo vendicare Casini votando scheda bianca e vedremo se Mattarella passa o non passa. Anche il PD voterà scheda bianca alle prime tre chiamate [quelle in cui serve la maggioranza dei due terzi, *nda*]. Se alla quarta, quando basta la maggioranza assoluta, Mattarella non ce la fa, torneremo a riunirci". Le due delegazioni si salutarono di nuovo con abbracci e baci, com'era avvenuto alla prefettura di Milano, e festeggiarono la ricostituita unità del centrodestra sul *no* all'inconsapevole Mattarella. Mentre Berlusconi rientrava a Milano per sottoporsi alle regole dei servizi sociali, Verdini confidò a Letta: "Questi fra tre ore si rimangiano tutto...".

L'Hawker del Cavaliere non era ancora atterrato a Milano che Casini chiamò Letta: "Renzi ha detto ad Alfano che il ministro dell'Interno non può non votare il Presidente della Repubblica. Se lo facesse, dovrebbe dimettersi dall'incarico. E io stesso, Gianni, mi trovo in difficoltà". I centristi da un lato non volevano votare Mattarella per protesta contro il *no* a Casini, dall'altro non volevano la crisi di governo. Decisero di aspettare "un fatto nuovo".

L'indomani fu giornata di frenetiche trattative. Un "messo" andò a trovare Sergio Mattarella nel suo studio di giudice costituzionale alla Consulta per verificarne la disponibilità a un appello. Lui rifiutò con una motivazione ineccepibile: "Non mi sono candidato, dunque non faccio appelli". Allora si fece ricorso a Matteo Renzi, che se la cavò con il minimo sindacale: "Auspico un'ampia convergenza su Mattarella". Letta si recò a palazzo Giustiniani, dov'era riunito lo stato maggiore dei centristi, e si sentì dire che la dichiarazione di Renzi era giudicata sufficiente a far cambiare opinione al Nuovo Centrodestra, che avrebbe votato in favore di Mattarella. Forza Italia votò scheda bianca. Ma una cinquantina di parlamentari si espressero a favore di Mattarella. Il Movimento 5 Stelle votò per l'ex magistrato Ferdinando Imposimato; la Lega Nord per il giornalista Vittorio Feltri. Mattarella fu eletto al quarto scrutinio, con 665 voti.

Dall'assassinio del fratello la scelta di fare politica

La carriera politica di Sergio Mattarella comincia forse nel suo animo il giorno dell'Epifania del 1980. Quella mattina il fratello maggiore Piersanti, 45 anni, presidente della Regione Siciliana, si era appena infilato in una Fiat 132 con moglie, suocera e i due figlioletti per andare a messa, quando un sicario si avvicinò al finestrino destro dell'auto e lo freddò a colpi di pistola. Come mandanti del delitto furono condannati Salvatore Riina, Bernardo Provenzano e altri boss mafiosi. Gli esecutori non sono mai stati identificati. In una cattedrale di Palermo gremita di autorità e di gente comune, in telecronaca diretta parlai di "terrorismo mafioso" quando ancora nulla di preciso si sapeva sulle ragioni del delitto. Sergio aveva 35 anni. Fu lui a dire che il fratello era morto. A lui, il sostituto procuratore Pietro Grasso consegnò il cappotto insanguinato di Piersanti.

La famiglia Mattarella si era trasferita presto a Roma per gli impegni del padre Bernardo, ministro in cinque governi democristiani. Laureato in giurisprudenza alla Sapienza, Sergio tornò a Palermo per fare l'avvocato in uno studio specializzato in diritto amministrativo. Iniziò la carriera universitaria, ma la interruppe nel 1983 come professore associato di diritto costituzionale quando diventò deputato della sinistra democristiana che si richiamava a Moro. Un anno dopo De Mita, segretario del partito, lo mandò in Sicilia per "bonificare", si disse, la DC di Lima e di Ciancimino compromessa con la mafia. Fu lui a far eleggere sindaco di Palermo Leoluca Orlando, che aveva collaborato col fratello. Fu ministro per i Rapporti col Parlamento, della Difesa e della Pubblica Istruzione. Da questo incarico si dimise il 27 luglio 1990 insieme con altri quattro ministri della sinistra DC per protestare contro la concessione alla Fininvest di tre reti televisive in violazione – disse – delle leggi comunitarie. Fu lui ad architettare la legge elettorale detta "Mattarellum", che in un sistema per tre quarti maggioritario, lasciava una quota proporzionale per salvaguardare personalità di valore che sarebbero risultate perdenti nello scontro con i politici rampanti della Seconda Repubblica. Nonostante questo, nel '94 il suo partito uscì massacrato dalle elezioni.

Fondatore dell'Ulivo e fermo sostenitore di Romano Prodi, vicepresidente del Consiglio con D'Alema, nel 2011 fu eletto giudice costituzionale e lo restò fino alla chiamata al Quirinale.

"Rispetto a lui, Forlani è un movimentista" disse De Mita per sintetizzarne il carattere schivo, riservato, che lo allontana dalle telecamere, ma lo tiene ritto come un filo di ferro se si tratta di farlo spostare dalle sue posizioni.

Nel discorso d'insediamento, sposò la definizione di "arbitro" coniata per il capo dello Stato. "L'arbitro deve essere e sarà imparziale. I giocatori lo aiutino con la loro correttezza". S'illuse che si aprisse un ciclo di ripresa economica: ne parlò il 1° maggio, c'era l'Expo, e Milano sembrava il simbolo di una nuova Italia. Purtroppo il Paese continuò a non crescere e i partiti a litigare.

Essendo il primo capo dello Stato dopo vent'anni a non avere Berlusconi presidente del Consiglio, immaginava una vita più rilassata. E invece ebbe il primo scontro con Matteo Renzi, il suo sponsor principale, all'inizio del 2017. Il referendum del 4 dicembre 2016 bocciò la riforma costituzionale voluta fortemente (e fortemente personalizzata) da Renzi. Il presidente del Consiglio si dimise. Nelle sue intenzioni il governo Gentiloni avrebbe dovuto portare il Paese alle elezioni nel giugno del 2017. Nei colloqui privati Renzi ha fatto sempre capire di aver avuto in questo senso affidamenti dal Quirinale, mai confermati. Comunque siano andate le cose, il gelo tra l'ex premier e il Presidente della Repubblica è andato avanti molto a lungo.

Il veto di Mattarella su Savona nella lunga crisi del 2018

Nel 2018 Sergio Mattarella è stato il primo Presidente della Repubblica a non consentire la formazione di un governo imponendo la sostituzione del candidato ministro dell'Economia, contro il parere del presidente del Consiglio incaricato e dei partiti di maggioranza. Le elezioni del 5 marzo avevano sconvolto l'abituale geografia del Parlamento. Il Movimento 5 Stelle con il 32,7% dei voti diventava largamente il partito di maggioranza relativa. Il PD crollava al 18,7%, il risultato peggiore nella storia della sinistra italiana. La Lega schizzava al 17,4% superando contro ogni attesa Forza Italia (14%). Fratelli d'Italia riportava il 4% e la formazione scissionistica di Bersani e D'Alema (Liberi e Uguali) si fermava al 3,4% lasciando D'Alema fuori del Parlamento. Non erano possibili maggioranze di centrodestra né di centrosinistra senza i 5 Stelle. Al centrodestra mancavano una cinquantina di deputati. Durante le consultazioni, Berlusconi provò a candidare Salvini dicendosi certo che avrebbe trovato una legione di "responsabili", ma Mattarella gli disse di presentargli prima un gruppo regolarmente costituito. Né dette un incarico a Salvini, immaginandolo privo di maggioranza, perché certo non gli avrebbe consentito di andare alle probabili elezioni anticipate come premier in carica.

Matteo Renzi, costretto alle dimissioni dal pessimo risultato elettorale, continuava a dirigere i giochi dall'esterno. Il Quirinale avrebbe preferito un governo PD/5 Stelle e il segretario reggente Maurizio Martina stava muovendosi in questo senso. Renzi si irritò ("Mentre io cerco di sfiancare i grillini lui dialoga...") e domenica 29 aprile, in televisione, ruppe: "Chi ha perso le elezioni non può andare al governo". Di Maio protestò ("Non ve lo leverete mai di torno" disse degli uomini PD). In realtà, il ministro degli Esteri sapeva che la sua base s'intendeva più con i leghisti. Considerava i democratici grandi gestori del potere e temeva di esserne schiacciata.

Salvini e Di Maio provarono a immaginare una staffetta come presidenti del Consiglio scambiandosi i ruoli a metà legislatura, ma non si misero d'accordo su chi dovesse cominciare e cercarono una soluzione terza. La trovarono in Giuseppe Conte: 54 anni, pugliese di Vulturara Appula (Foggia) professore di diritto privato nell'Università di Firenze e avvocato nell'importante studio legale romano di Guido Alpa. Presentato a Di Maio da Alfonso Bonafede, che era stato suo allievo, Conte superò gli esami in un incontro segreto in un albergo di Milano con i capi del Movimento e della Lega, e il 23 maggio ebbe da Mattarella l'incarico di formare il nuovo governo dopo un lungo colloquio, superandone le legittime perplessità (un tecnico – si chiedeva Mattarella – sarebbe stato capace di guidare un governo fortemente politico o sarebbe stato uno strumento nelle mani dei due Dioscuri?).

Se il M5S aveva indicato il presidente del Consiglio, la Lega suggerì il titolare dell'Economia. Paolo Savona, cagliaritano di 81 anni, economista e accademico illustre, grande amico di Francesco Cossiga, era stato ministro dell'Industria con Ciampi (1993-94). Nell'incontro con

Salvini e Di Maio, Savona sostenne che la Banca Centrale Europea doveva avere i poteri della Federal Reserve americana, sollecitò acquisti di eurobond o in alternativa una forte web tax sulle grandi multinazionali e investimenti significativi nelle infrastrutture. Giancarlo Giorgetti, sponsor di Savona, mi disse che mai l'economista aveva parlato di uscita dell'Italia dall'euro. I due gli fecero riscrivere il capitolo sull'Europa del loro contratto di governo e Conte lo inserì nella lista dei ministri. Il 22 maggio, *La Stampa* aveva pubblicato l'anticipazione di un libro di Savona (*Come un incubo e come un sogno*, Rubbettino, 2018) in cui l'euro era definito "una gabbia tedesca". "Battere i pugni sul tavolo non serve a niente", scrive Savona, "bisogna preparare un piano B per uscire dall'euro se fossimo, volenti o nolenti, costretti a farlo". Invano, Salvini e Di Maio spiegarono al Presidente della Repubblica che, con loro, mai Savona aveva sollevato questo problema, e che in ogni caso l'uscita dall'euro non faceva parte del contratto di governo. Lo stesso Conte mi raccontò che aveva cercato in ogni modo di tranquillizzare Mattarella ("Savona", mi disse, "sarebbe stato un bravo ministro dell'Economia").

Alle 19 di domenica 27 maggio, Conte salì al Quirinale con la lista dei ministri e quando Mattarella vide che all'Economia c'era ancora il nome di Savona non la firmò. Poco dopo il presidente del Consiglio incaricato rimise il mandato.

La sera stessa Mattarella comparve in televisione livido. Parlò della pazienza con cui per due mesi aveva aspettato le decisioni dei partiti e aveva accettato che un tecnico guidasse un governo politico. Ma non poteva accettare il nome di Savona "per una linea più volte manifestata che potrebbe provocare probabilmente, o addirittura inevitabilmente, l'uscita dell'Italia dall'euro".

Abbiamo visto, in questo libro, che più di un Presidente della Repubblica ha messo pesantemente le mani nella formazione di un governo. Scalfaro ha scritto di suo pugno gran parte della lista del governo Dini, Gronchi e Saragat non hanno avuto la mano leggera, altri hanno chiesto di sostituire questo o quel ministro. In tutti questi casi, comunque, il presidente del Consiglio aveva accettato il parere del capo dello Stato. Non era mai avvenuto che un governo non potesse formarsi per il veto del Quirinale sul nome di un ministro. Nei giorni successivi la gran parte dei costituzionalisti si schierò con Mattarella. Ma non mancarono pareri contrari. La seconda edizione del *Commentario breve alla Costituzione* di Vezio Crisafulli e Livio Paladin (CEDAM, 2008) riporta il parere dello stesso Paladin e di altri costituzionalisti secondo cui il capo dello Stato "non potrebbe rifiutare alcuna nomina, salvo il caso estremo di palese mancanza di requisiti giuridici richiesti per l'ufficio".

Mattarella era peraltro convinto del fatto suo, e convocò per l'indomani al Quirinale l'economista Carlo

Cottarelli per guidare un governo elettorale. Ma fuori e dentro i Palazzi si alzavano le fiamme dell'inferno. Salvini rivendicò la scelta politica fatta dalla maggioranza, Di Maio andò oltre e chiese addirittura l'*impeachment* per il capo dello Stato, cioè la messa in stato d'accusa per alto tradimento e attentato alla Costituzione. Un eccesso di cui Di Maio – che sarebbe stato l'unico ministro degli Esteri della storia italiana a ricoprire lo stesso incarico in tre governi con maggioranze diverse – avrebbe successivamente fatto ammenda.

Cremonese, 64 anni di cui venti spesi al Fondo Monetario internazionale, Cottarelli entrò col suo trolley al Quirinale la mattina di lunedì 28 maggio, appena sceso dal Frecciarossa Roma-Milano delle 8. Lavorò per due giorni a una lista ristretta di tredici ministri (tutti tecnici), di cui otto donne, trovò molta disponibilità nei partiti verso l'astensione, ma nessuno (salvo forse il PD) pronto a votare a favore. In una sola giornata lo spread era salito di 100 punti, cosa che non accadeva dal '92, poi sfiorò i 300 "e sarebbe arrivato a 600", mi spiegò Cottarelli, "se fossimo andati alle elezioni senza fiducia e quindi con un governo completamente paralizzato".

Accadde allora in un giorno quello che non era accaduto nei precedenti 87. Gli imprenditori del Nord fecero pressioni su Salvini, Grillo intervenne su Di Maio, Savona fu sistemato ai rapporti con l'Europa, e il 2 giugno 2018 i giardini del Quirinale, addobbati per la festa della Repubblica, furono invasi da ministri festanti quasi tutti al gran debutto...

Dalla pazza crisi del 2019 all'incubo della pandemia

La "crisi più pazza del mondo", del 2019, fu di più agevole soluzione anche perché il capo dello Stato ha sempre visto con favore, date le circostanze, un governo PD/ M5S. La crisi fu aperta da Salvini il 7 agosto 2019: gli elementi di incompatibilità tra Lega e 5 Stelle erano vistosi, ma il leader della Lega pensava di incassare da elezioni politiche anticipate il sorprendente risultato ottenuto alle elezioni europee del 9 giugno: 34,3% contro il 22,7% del PD, il 17,15% del Movimento 5 Stelle, l'8,8% di Forza Italia e il 6,4% di Fratelli d'Italia. I rapporti di forza con il M5S si erano ribaltati, la leadership della Lega sul centrodestra diventata assoluta. Salvini puntava sulla non contrarietà di Nicola Zingaretti al voto: il segretario del PD avrebbe potuto finalmente fare le liste a sua immagine ed eliminare la prevalenza dei renziani in Parlamento. Certamente il PD avrebbe ottenuto un risultato migliore del 18% ottenuto da Renzi nel 2018, e questo lo tranquillizzava. Forza Italia era invece preoccupatissima. Perciò Gianni Letta chiese al capo dello Stato di fare un appello a tutte le forze responsabili per formare un governo bipartisan nell'interesse del Paese, assicurandogli che il primo a raccoglierlo sarebbe stato Berlusconi, disposto ad andare al governo con due tradizionali avversari come PD e 5 Stelle. Mattarella non accettò la proposta. "La mia funzione", precisò a Letta, "deve limitarsi a verificare se c'è o no una maggioranza parlamentare. Non voglio favorire una soluzione rispetto a un'altra perché perderei la mia posizione di imparzialità. Ma se mi portate un accordo..." (era lo stesso atteggiamento avuto dopo le elezioni del 2018 con Berlusconi, che vantava la maggioranza relativa del centrodestra, mentre Mattarella voleva quella assoluta...).

Seguendo un copione che si sarebbe ripetuto nel 2021, persa la fiducia Giuseppe Conte non si dimise e il 20 agosto 2019 fu il protagonista di uno spettacolo che non s'era mai visto nell'aula del Senato. Salvini commise l'errore di raggiungere il premier sui banchi del governo e Conte mettendogli la mano sulla spalla lo strapazzò come se l'ormai ex ministro dell'Interno che gli sedeva accanto non fosse stato fino a qualche giorno prima il suo azionista di riferimento insieme a Di Maio. Conte non recitava: sapeva benissimo che l'idea di Zingaretti di andare alle elezioni era tramontata. Le pressioni sul segretario del PD perché facesse un accordo con i 5 Stelle erano formidabili: i suoi propositi di avere una discontinuità a partire dal nome del presidente del Consiglio caddero subito e il 5 settembre 2019 il secondo governo Conte poteva giurare al Quirinale.

Appena cinque mesi più tardi, l'avvio della pandemia Covid-19 ritagliava a Mattarella un ruolo di vero collante dell'unità nazionale. L'uomo non ha, come abbiamo visto, l'effervescenza di Pertini, la bonomia a tratti calorosa di Ciampi, la solennità cordiale di Napolitano. Eppure i suoi toni bassi, i suoi sorrisi timidi e rassicuranti hanno colpito l'animo della larga maggioranza degli italiani. Ricordiamo la mestizia con cui alla vigilia del 12 aprile, giorno di Pasqua del 2020, con l'Italia in lockdown da più di un mese, invitando la gente a non violare la regola che impediva di raggiungere i propri cari, Mattarella disse: "Anch'io sono solo...". Lasciando immaginare quanto fosse assoluta la solitudine dell'inquilino – nemmeno assistito dall'affetto di una consorte o di un figlio convivente – di un palazzo enorme dove il silenzio è assoluto quando l'ultimo degli staffieri chiude l'ultima porta.

Dal fallimento di Conte alla nascita di Draghi

Nessun Presidente della Repubblica nella storia italiana si è trovato a gestire tre crisi di governo in tre anni consecutivi con tre rischi di elezioni anticipate e conclusesi con tre maggioranze diverse. Abbiamo visto che i rapporti tra Mattarella e Renzi si erano incrinati all'inizio del 2017 quando non arrivò lo scioglimento anticipato della Camera che l'ex premier si aspettava. Certamente la crisi maturata tra il dicembre del 2020 e il febbraio del 2021 non ha contribuito a consolidarli di nuovo. Il capo dello Stato ama situazioni stabili, anche se non necessariamente efficienti e non ha apprezzato il terremoto provocato dal senatore di Firenze. Per la verità, Giuseppe Conte ha cominciato a scavarsi la fossa con l'intervista del 5 dicembre a *Repubblica*. "Conte: il governo non cadrà" e giù l'annuncio che i 209 miliardi messi a disposizione dall'Europa per il piano di risanamento e di sviluppo sarebbero stati divisi in 60 progetti diretti da 60 supermanager. L'obiettivo del presidente del Consiglio era di tenere gli investimenti sotto la gestione diretta di palazzo Chigi, con un supporto sussidiario di Roberto Gualtieri e di Vincenzo Amendola, ministri PD dell'Economia e dei rapporti europei. Il piano era lacunoso, lo stesso PD non ne era convinto, ma non litigava con il M5S per non rompere un matrimonio faticosissimo eppure destinato a durare fino alle elezioni del 2023. Renzi fece subito sapere che le sue ministre non avrebbero votato quel piano, Conte cercò di isolarlo sostenuto da PD e M5S assai contrari – come inizialmente lo stesso Quirinale – a un rimpasto dagli esiti imprevedibili. Gli ultimi venti giorni dell'anno trascorsero in una estenuante trattativa, mentre l'Italia si tingeva di rosso e restava chiusa nelle vacanze di Natale nell'attesa che con le prime vaccinazioni arrivasse qualche refolo di speranza.

Subito dopo Capodanno, Conte sembrò voler fare qualche cedimento, mentre il Quirinale faceva discretamente sapere che nessuna maggioranza diversa sarebbe stata possibile e che una rottura avrebbe portato alle ele-

zioni anticipate. Lo faceva per indurre i riottosi a tratta-
re, ma l'ipotesi non era certo da escludere. Si disse allora
che alle urne ci avrebbe accompagnato un governo tecnico guidato da Marta Cartabia, una signora lombarda
di 57 anni, ordinaria di diritto costituzionale a Milano
Bicocca fino al 2011 quando fu eletta giudice della Corte costituzionale, che ha poi presieduto dal 2019 al 2020.

Al di là di qualche amicizia familiare, il rapporto tra
Cartabia e Mattarella si consolidò tra il 2011 e il 2015
quando entrambi, giudici costituzionali soli a Roma, occupavano due piccoli appartamenti messi a disposizione
dalla Consulta in uno stabile vicino al palazzo principale. Quando Mattarella fu eletto al Quirinale, la Cartabia
raccontò a Maria Antonietta Calabrò del *Corriere della
Sera*: "Passavamo in riunioni intere giornate, dalle nove
del mattino alle sette di sera, facevamo vita in comune:
questo serviva moltissimo per il nostro lavoro, per le nostre discussioni, per prendere le nostre decisioni... Così
ci è capitato di cenare insieme al ristorante qui sotto, il
Santa Cristina, un po' come studenti fuori sede".

Ma Renzi è un giocatore d'azzardo, e quando il 13
gennaio decise di togliere la fiducia al governo, sapeva
che non si sarebbe andati alle elezioni. Cercò una riaper-
tura con Conte, ma il premier non l'accettò ("Le strade
sono divise") nella convinzione che un gruppo di "costruttori" (sinonimo del vecchio termine "responsabili"
come quelli che salvarono Berlusconi dai primi attacchi

di Fini) avrebbe sostituito i voti mancanti dei renziani.

Cominciò una caccia frenetica ai senatori salvavita e gli stessi collaboratori di Mattarella non fecero mancare le loro discrete telefonate ai centristi per raggiungere una maggioranza che facesse a meno di Renzi. Alla fine, tuttavia, i "costruttori" si fermarono a 156, cinque in meno dei 161 della maggioranza assoluta, nonostante alcuni clamorosi passaggi di campo e la notorietà improvvisa – come accade sempre in questi casi – di personaggi singolari, come l'ex grillino Lello Ciampolillo, conosciuto fino a quel momento per aver detto che la Xylella, la devastante malattia che sta distruggendo gli ulivi in Puglia, potrebbe curarsi con il sapone.

Il capo dello Stato si accontentò (c'erano stati quattro precedenti negli ultimi vent'anni di governi senza maggioranza assoluta), ma Renzi affondò e Conte non resse. Si dimise il 26 gennaio sperando in un reincarico che Mattarella non gli diede per non bruciarlo. Affidò l'esplorazione al presidente della Camera Roberto Fico, che non si sottrasse alla storica tradizione del fallimento di operazioni del genere. Così, la sera di martedì 2 febbraio il capo dello Stato si presentò tesissimo alle telecamere: "Avverto il dovere di rivolgere un appello a tutte le forze politiche in Parlamento perché conferiscano la fiducia a un governo di alto profilo non identificato in alcuna formula politica e che faccia fronte con tempestività a gravi emergenze non rinviabili". La mattina successiva, Mattarella affidava a Mario Draghi la responsabilità di portare l'Italia fuori dal guado.

Romano, 73 anni, Draghi è stato direttore generale del Tesoro per un decennio (1991-2001), governatore della Banca d'Italia (2006-2011) e presidente della Banca Centrale Europea per gli otto anni successivi, conquistandosi una fortissima stima internazionale. Draghi e Mattarella provvidero insieme a stilare la lista dei 23 ministri, divisi tra tecnici (8) e politici (15), ignorando per la prima volta le indicazioni dei partiti. C'è stato l'ingresso scontato di Forza Italia e quello – inatteso – della Lega. È stato rispettato l'equilibrio tra le tre correnti del PD (Guerini, Franceschini, Orlando) privilegiando nei rapporti tra i partiti il peso politico su quello parlamentare e badando alla scelta dei ministri più europeisti e più indipendenti. Forza Italia ha più parlamentari del PD, ma ha avuto tre ministeri di peso inferiore per Brunetta, Gelmini e Carfagna, contravvenendo alle attese di Berlusconi, certo della presenza di Antonio Tajani e di Anna Maria Bernini. Nella Lega sono stati scelti i più dialoganti (Giorgetti, Garavaglia e Stefani), con qualche disappunto di Salvini, e per Italia Viva la più mite Bonetti rispetto alla più "politica" e battagliera Bellanova. Anche il Movimento 5 Stelle, che ha subito una dolorosa scissione al momento della fiducia, ha visto ridimensionato per numero e peso politico la sua delegazione (Di Maio, D'Incà, Patuanelli, Dadone), scelta anche qui con i nomi più dialoganti. Non a caso, presentandosi al Senato il 17 febbraio, Draghi aveva alla sua destra Giancarlo Giorgetti e alla sua sinistra Stefano Patuanelli, uomini chiave per i collegamenti con due partiti complessi come Lega e 5 Stelle.

All'Italia serviva un governo più coeso e Mattarella è riuscito a benedirlo per chiudere il suo settennato con un'Italia meno ferita e in via di guarigione. La sua immagine del 9 marzo, seduto tra persone comuni allo Spallanzani di Roma, in attesa di essere vaccinato, è stato un esempio di solidarietà nel momento più duro dell'ultima fase dell'epidemia.

Laura Mattarella, presente e silenziosa

E siamo alla *first lady* di questi anni. Anzi alla consorte-supplente. Di lei conosciamo lo sguardo azzurro e un sorriso timido che se si apre contiene in sé tutta la "sicilitudine" bionda e chiara dei Normanni.

Laura, dopo la scomparsa della madre Marisa Chiazzese, è rimasta l'unica donna di casa Mattarella. Ed è stata lei a tenere le fila di questa grande, bella e unitissima famiglia. È lei che nei fine settimana riunisce a pranzo fratelli e nipoti con il padre-nonno. Una famiglia fatta di amore e segnata dagli stessi valori.

Fu a casa di Laura che papà Sergio scelse di seguire il voto che lo portò al Quirinale.

Le prime parole le rilasciò uno dei figli maschi del Presidente, Bernardo, al *Messaggero*. "Eravamo a casa di mia sorella Laura. Figli, amici, zii, cugini e nipoti intoro alla Tv. C'era anche il nipote più piccolo, Lauro, due anni, ed era molto felice. Quando è partito l'applauso dell'Assemblea ci siamo emozionati. Il primo pensiero è andato a mia madre Marisa, morta tre anni prima, che non ha potuto vivere questo momento con noi".

Fu con Laura e tutti i suoi nipoti che il 19 aprile del 2015 il Presidente andò in udienza privata dal pontefice. Cinque i nipoti che rallegrarono l'incontro. I tre figli di Laura, avuti con il marito Cosimo Comella, e i figli di Bernardo. Mancava la seconda cerchia di nipoti che il Presidente ama in egual misura: i figli dell'altro Bernardo Mattarella, figlio di Piersanti Mattarella, ucciso dalla mafia quando era governatore della Regione Sicilia. È un'unica famiglia, la loro.

Ma chi è Laura Mattarella? Una donna di sensibilità spiccata e di riserbo elegante e premuroso. Una sola volta si è concessa ai giornalisti perché voleva arrivasse dall'Africa un messaggio chiaro e forte sul senso di solidarietà. Rivelatrice, infatti, fu una sua frase tagliente nell'intervista concessa al settimanale *Chi* nel 2016, durante la visita privata presso un centro per rifugiati in Camerun e un centro ospedaliero: "Tutti dovrebbero visitare un campo profughi, prima o poi. Soprattutto chi dice che bisogna lasciarli là dove stanno […]. È necessario aiutarli a migliorare le loro condizioni di vita, a crescere: non possiamo confinarli nei campi, limitarci all'assistenza […]. Spero che quello che faccio io, che è veramente poco, serva ad attirare l'attenzione di tanti su quello che riescono a fare qui persone come padre Sergio Ianeselli (fondatore del centro di rieducazione per disabili "Promhandicam" a Yaoundé).

Sembra, in queste parole, di sentire il padre, il Presidente che sempre nei suoi interventi ha posto avanti a tutti i deboli, i disagiati, gli emarginati. Eppure questo era anche il tratto della madre Marisa che Laura ricorda tanto nel volto e nel carattere e che l'avrebbe influenzata in modo particolare, dimostrandole che "si può fare molto per gli altri senza apparire". "In questo", ha aggiunto Laura Mattarella con uno dei suoi sorrisi timidi, "credo di somigliarle, ma capisco che la visibilità sia fondamentale per la sopravvivenza di questi centri".

Quel viaggio per Laura fu una pagina di grande importanza. Come lo fu la sua visita ad Amman, presso l'atelier Rafedin. Qui poté incontrare donne profughe, di religione cattolica, originarie dell'Iraq, che realizzano costumi, tappeti e foulard. Laura Mattarella davanti a loro recitò il Padre Nostro in italiano. Loro davanti a Laura lo cantarono in aramaico.

Per Laura accompagnare il padre in tutte le cerimonie in cui è richiesto il protocollo significa vedere e dare un segno. Ed è la *first*, in questo caso *first miss*, che si è spinta più lontano. L'unica ad accompagnare un nostro Presidente in Angola.

Non lascia il padre perché "[…] siamo sempre stati molto uniti. Prima di essere eletto Presidente cenava a casa nostra tutte le sere. Confesso che le mie figlie temevano che il suo nuovo compito l'avrebbe allontanato dalla famiglia. Invece, nonostante i suoi impegni lo portino doverosamente in giro, resta un uomo affettuosissimo. [...] Mi piace stare con mio padre, spero di essergli utile".

Al suo fianco, Laura non ha mai rilasciato una dichiarazione o fatto un gesto fuori posto. Sguardo elegante e timido, figura longilinea che le foto dell'estate 2020 nelle acque di Pantelleria rubate dal settimanale *Chi* hanno confermato.

Laura indossa tailleur dalle nuance del grigio, dell'azzurro polvere, del beige. Finora solo un vestito ha attirato l'attenzione dei fotografi di moda: l'abito lungo in blue di Gattinoni indossato durante una cena di gala ospite con il padre dei Reali di Svezia e "riciclato" pochi giorni dopo per la prima alla Scala.

Perché, già da molti anni, il registro delle nostre consorti o supplenti consorti è stato certamente dettato da un apprezzabile *low profile*. Laura Mattarella c'è, ma non perde di vista la normalità.

Sempre nell'intervista a *Chi*, dichiara: "Seguo molto i miei figli, da sempre", ricordando che anche il padre ama stare con i ragazzi e i giovani, "[...] non dimentichiamo che è un professore universitario", e aggiunge, "dico sempre ai miei figli: un altro avvocato si trova, ma un'altra mamma no".

Sì, perché Laura Mattarella è avvocato. Famiglia di giuristi da ambo le parti, del versante paterno sappiamo, ma ricordiamo anche che suo nonno materno era un giurista importante, Lauro Chiazzese, già rettore dell'università di Palermo. Adesso però il suo ruolo è un altro. E anche se sulla carta, come già abbiamo detto, nessun ruolo preciso e obbligato spetta alla consorte o consorte supplente, nella vita di un Presidente della Repubblica la figura di chi accompagna può muovere messaggi e azioni.

Ringraziamenti

Ringrazio Antonio Riccardi e gli amici della nuova Rai Libri per avermi chiesto anche quest'anno di far parte di una squadra sempre più forte e qualificata.

Ringrazio Concita Borrelli per il contributo prezioso e determinante alla rappresentazione delle figure femminili che – mogli, figlie o, per De Nicola, forse fuggevoli fidanzate – hanno accompagnato dodici colonne della nostra vita repubblicana.

Indice dei nomi

330

Sommario

Finito di stampare
nel mese di aprile 2021 presso
Grafica Veneta S.p.A.